T0068290

Juntos y de acuerdo
De la Pastora Yajaira J. Massi
Para:

Yajaira Massi

Juntos y de acuerdo

Principios bíblicos para los retos matrimoniales

MINISTERIO RESTAURANDO LA FAMILIA

Número de Control de la Biblioteca del Congreso de EE. UU.: 2020910965
ISBN: Tapa Blanda 978-1-5065-3304-9
Libro Electrónico 978-1-5065-3305-6

Información de la imprenta disponible en la última página.

Fecha de revisión: 19/06/2020

Para realizar pedidos de este libro, contacte con:
Palibrio
1663 Liberty Drive, Suite 200
Bloomington, IN 47403
Gratis desde EE. UU. al 877.407.5847
Gratis desde México al 01.800.288.2243
Gratis desde España al 900.866.949
Desde otro país al +1.812.671.9757
Fax: 01.812.355.1576
ventas@palibrio.com
815720

Índice

¿Andarán dos juntos, si no estuvieren de acuerdo?
(RVR 1960)

Si dos personas andan juntas, es porque están de acuerdo.
(TLA)
Amós 3:3

Dedicatorias

mi amado Salvador y Señor Jesucristo, por ser mi guía, mi sustento en todo tiempo, quien está a mi lado en mis alegrías, tristezas, fracasos y triunfos, él nos ha guiado como mi familia.

Porque de él, y por él, y para él, son todas las cosas. A él sea la gloria por los siglos. Amén. Romanos 11:36

****

Gracias a mis hijos Joan junto a Gloria Marie & Raquel Carolina junto a Darius, con quienes estamos disfrutando una nueva etapa como familia.

En esta temporada son ustedes los que me están dejando grandes enseñanzas como hijos. Estoy aprendiendo de sus capacidades; cuanto los amo.

Con gran anhelo esperando la llegada del regalo del cielo a casa Dreyson Antonio, quién nos llenará de grandes experiencias como abuelos.

Verlos realizarse es una gran satisfacción como madre.

****

Agradezco a mi único compañero por más de treinta y cinco años, eres mi amigo, amante, confidente, pastor, motivador, quién me impulsas con tu sabiduría, paciencia y capacidad a seguir haciendo el trabajo asignado por Dios, con quien comparto cada minuto de mi vida; cada día me uno más a ti. Gracias por escogerme, por siempre tuya.

Introducción

Cuando pienso en todo el equipaje de buenas y malas enseñanzas que traemos de nuestras vidas de solteros, de la cultura donde somos arraigados, de nuestros hogares de infancia, algunos funcionales otros disfuncionales; llegando a la relación marital sin que nadie nos dé un horizonte, sin observar cuanta influencia buena o mala de la pasada manera de vivir tendremos en la nueva familia, considero que Dios y su Palabra son el mejor modelo para construir un hogar que comienza con la unidad de un hombre y una mujer. No hay otra guía probada sobre la tierra que le de solidez a la relación matrimonial y familiar.

Estoy firme en la convicción de que si le enseñamos a los conyugues a conocer, practicar y vivir juntos y de acuerdo las instrucciones de Dios tendrán victoria en sus relaciones, que serán consolidadas bajo la bendición del creador de la unión conyugal.

En tantos años de ministerio en el área de matrimonio y familia hemos encontrado que las crisis al pasar los años se han profundizado, donde muchas son las razones e influencias para el deterioro. Sabemos que innumerables factores externos han promovido estas crisis, pero si profundizamos un poco más encontraremos que cada pareja ha introducido en sus relaciones todo un equipaje de conceptos emocionales y vivenciales almacenado por años en sus estilos de vida pasados; sin antes de llegar al pacto hacer operación limpieza para saber que trasladamos a la nueva familia y que descartamos para que no se convierta en basura.

Nada de eso es pensado y trabajado a favor de la unión marital; ni siquiera hoy se habla de una saludable relación de noviazgo para conocerse, sino de una interacción para acariciarse; siempre digo que se comienza mal, pero lamentablemente eso es lo que tenemos como estructura dentro de una sociedad confundida y una iglesia permisiva, donde no se colocan los parámetros bíblicos; donde la planificación para el futuro matrimonio queda solo dentro del marco de los logros materiales sin conceptuar los alcances espirituales y emocionales que debemos sumar dentro de la futura relación que debe ir más allá del sentimiento, sino que tiene que ser arraigado en los principios espirituales de pertenencia, trasparencia y permanencia con el que Dios creó a Adán y Eva que deben mantenerse hasta hoy, los cuales trataré con más profundidad en mis próximos capítulos.

De Pertenencia: porque Adán al recibir a su mujer entregada por Dios, reconoció que ella era la compañera que había salido de sus costillas siendo el complemento para su necesidad, declarando: "...Esto es ahora hueso de mis huesos y carne de mi carne; ésta será llamada Varona, porque del varón fue tomada." Génesis 2:23.

De Transparencia: porque vivían en un estado de desnudez, donde dice la palabra que no tenían vergüenza el uno del otro, refiriéndolo así: "Y estaban ambos desnudos, Adán y su mujer, y no se avergonzaban." Génesis 2:25

De permanencia: ya que es una relación hasta el final, el tiempo debe consolidar la misma y no distanciarla. La Biblia dice: "Por tanto, dejará el hombre a su padre y a su madre, y se unirá a su mujer, y serán una sola carne." Génesis 2:24.

Mi propósito es poder dejar una óptica trasparente y sincera, que mientras más uniones se realicen sin planificación espiritual, emocional, y sin estándares divinos, más fracasos tendremos en medio nuestro; es por esto que no queremos como ministerio que el legado de la santa Palabra de Dios se diluya con enseñanzas culturales, ni sociales. Las directrices de las escrituras producen seguridad y esperanza a nuestras vidas, matrimonios y familias. Si las trasladamos a cada necesidad producirán transformación; ellas son tan poderosas que comienzan en el individuo, transforman matrimonios, continúan en las familias, permaneciendo por generaciones.

Las parejas para caminar a la plenitud en sus convivencias necesitan deshacerse del viejo equipaje que daña sus relaciones para adoptar un nuevo modelo basado en los principios y enseñanzas donde el Señor les respaldará y les dará la victoria.

Me preguntarán ¿Hay esperanza?, si creo que hay esperanza, el tener más de treinta años tratando esta área me lleva a decirles que si hay esperanzas para las parejas que le dan una oportunidad a Dios para que cambie sus matrimonios. Hemos visto en todos estos años muchos matrimonios fracasar, pero también hemos visto muchos ser transformados por el poder de Dios, todo porque dejaron que el Señor interviniera cambiando las piezas dañadas que necesitaban ser remplazadas. Por supuesto que hay esperanza para un hombre y una mujer que se unen a creerle y desafiar en fe las circunstancias y estilos de vida que les acompañan, produciéndose por el poder de Dios los cambios que cada uno necesita.

A mis lectores quiero invitarles a darle a su matrimonio el valor que merece, relación es más que un día a día de quehaceres y responsabilidades, es saber lo que conviene, lo que no conviene a la relación, lo que la alimenta o la destruye, lo que nuestras conductas aportan y suman, como saber qué es lo que minimiza o descalifica la convivencia; entender el plan de Dios para cada pareja y conocer como ejecutarlo. Si se evalúan todos los componentes trabajando a favor, juntos y de acuerdo, no estarán libre de enfrentar retos, pero el Señor les dará la victoria hasta el final, disfrutando la convivencia matrimonial siempre juntos y de acuerdo.

El enfoque en mi libro no es traer nada nuevo, simplemente he querido dejar sellado en este escrito las enseñanzas que he aprendido de la Biblia desde mi conversión, ha funcionado en mi relación por casi treinta y seis años de casada, las estamos depositando en miles de matrimonios a través de conferencias en muchas partes del mundo, edificando a incontables parejas a las que hemos recibido en nuestra consejería pastoral, anhelando que mis lectores puedan recibir un aporte, un granito de arena que fortalezca sus vidas matrimoniales.

Capítulo Uno

DESDE EL PRINCIPIO

"Por tanto, dejará el hombre a su padre y a su madre, y se unirá a su mujer, y serán una sola carne. Y estaban ambos desnudos, Adán y su mujer, y no se avergonzaban." Génesis 2: 24-25 (RVR 1960)

Quiero compartir con mis lectores algunas órdenes definidas en el libro de los comienzos, libro de Génesis, con el propósito de darle a los matrimonios un enfoque para iniciar y mantener una relación saludable; las cuales se relacionan con el nexo que cada conyugue tiene con sus padres. Dios determina entregarlas en el huerto del Edén como instrucciones para la vida de pareja desde el inicio del pacto, dichas ordenes al cumplirlas producirán tanto estabilidad como armonía dentro del vinculo tan importante entre un hombre y una mujer, el matrimonio.

Al enamorarnos e iniciar una relación de noviazgo, comenzamos a soñar con el matrimonio perfecto; no pensamos ni en los problemas y crisis del futuro hogar; muchas mujeres deseando que el amor sea duradero y color de rosa, soñando con su príncipe azul montado en su caballo blanco y hombres anhelando una compañera ideal. Quién no desea unirse con este concepto libre de dificultades; todos estando enamorados deseamos casarnos para tener días y años de felicidad. Pero en el recorrido de la vida marital chocaremos con una serie de diferencias, conflictos y dificultades que producen en muchas ocasiones frustración, desencadenando decepción, que de no ser atendidas se termina en divorcio.

Nuestro Padre Celestial creador del ser humano y conocedor de su corazón, nos deja en las escrituras parámetros para aprender a manejar y dirigir con sabiduría la vida matrimonial desde el inicio del pacto, las cuales le darán madurez, estabilidad y permanencia a la relación.

Luego de todo el proceso de formación de la mujer que ya conocemos, como un complemento para el hombre y después de Adán reconocer a Eva como parte de él, Dios determina una serie de normativas que ayudarán a las parejas futuras a manejar efectivamente muchas áreas de su relación.

A continuación quiero dejarlas para su edificación:

1.- Dejará

"Por tanto, dejará el hombre a su padre y a su madre..."
Génesis 2:24 (RVR 1960)

El interés de esta orden en los matrimonios es de hacer separación con los vínculos familiares de ambos conyugues; no es precisamente romper relaciones de raíz con los seres amados, sino cortar los cordones emocionales de dependencia que se ligan sentimentalmente a los padres.

Si observamos la demanda, se siente algo dura para desprender una relación de los padres con los hijos; pero he aprendido a través de los años que los mandatos de Dios siempre son para bendecirnos, y este es uno de ellos.

El plan de Dios es que podamos cortar los lazos de dependencia, con el fin de proporcionar unidad a la nueva relación. Y quiero que nos enfoquemos en tres áreas en la que hacemos separación con nuestros padres para lograr en estas mismas áreas unidad conyugal; que son el área física, emocional y económica.

Observe que después de Dios ordenar dejar a los padres, la segunda orden es que se unirá a su mujer para llegar a ser una sola carne. Así que la separación en estos tres aspectos va a traer como resultado una unidad profunda de compenetración y dependencia mutua. Cortamos el cordón emocional parental para construir un nuevo hogar; de unidad y trabajo en equipo para crear estabilidad a la nueva familia.

Es por eso que como ministros de familia no recomendamos enseñar a los jóvenes a una completa independencia, saliendo de casa antes de casarse. El sueño de muchos de ellos es esperar la llegada de la universidad para tener vida de solteros, distante de sus padres, sin ningún tipo de protección física y emocional; y la independencia que logran en la vida de universidad los conduce a conflictos en el matrimonio ya que les cuesta amoldarse a una relación de unidad y dependencia con su conyugue.

El plan de Dios siempre ha sido proteger integralmente las personas dentro del vinculo familiar, ya que se supone que es allí donde todo individuo debe conseguir cuidado, protección, apoyo, desarrollo físico, emocional y espiritual. En estas líneas me centraré en la separación física o geográfica; recordando el dicho que dice así: "el que se casa, casa quiere"; y es por esto y muchísimas cosas más, entre paréntesis, que el proceso del noviazgo es de suma importancia para el futuro matrimonio; ya que no solo es el proceso de conocimiento sentimental y emocional de dos personas que en un futuro se unirán en matrimonio; sino que también se convierte en la base de planificación del futuro de la relación: ¿donde vivirán?, ¿cuántos hijos tendrán?, ¿como lo educarán?; todo esto y mucho más deben ser los temas de conversación en un noviazgo y no debe tomarse como el tiempo de caricia y vida sexual, este ultimo condenado por Dios. Cuando los novios aprenden a aprovechar y disfrutar este tiempo de conocimiento emocional, están pavimentando estabilidad para el próximo paso que es el vinculo matrimonial. Así que la preparación del lugar donde pasarán su vida de casados debe ser planificado en el noviazgo para dar paso a la separación física con los padres.

En nuestra asesoría como ministros de familia recomendamos a las nuevas parejas que inicien su relación solos, así como lo ordena Génesis 2:24, ya que los primeros años de matrimonio son tiempos de ajuste, adaptación y aceptación en la que se enfrentarán a crisis, pruebas y diferencias que solo ellos deben resolver sin la intervención de sus padres o terceros; manteniendo la resolución de conflictos juntos y la privacidad que toda pareja debe cultivar.

Ya planificado en el noviazgo y dependiendo de la estabilidad económica que tengan, deben adquirir su propia casa, o tomar un lugar de vivienda rentado; pero lo importante es convivir solos.

La segunda área es la separación emocional; dejando claro y por escrito que esto no significa desligarse sentimentalmente de los padres y aún de la familia completa, el plan no es romper relaciones, sino afirmar la nueva relación, donde a partir del matrimonio la necesidad emocional principal será compartida con el conyugue; por ejemplo: yo estando soltera tenía una situación de trabajo tensa, y podía llegar a la casa de mis padres, entrar en el cuarto de ellos llorando diciéndoles como estuvo mi día, esperando apoyo en la situación. Al entrar en la vida matrimonial mi dependencia emocional principal descansa en la relación y apoyo con mi esposo, con el que podre llorar y llegar a confiar en que será mi soporte en la necesidad.

El no tener clara esta instrucción de Dios, conduce a muchas parejas a cometer el error de continuar llevándole a los padres los conflictos personales y los de su matrimonio; no me estoy refiriendo a no tener una conversación donde podamos expresar situaciones o conflictos cotidianos, a lo que se refiere la separación emocional es a la ruptura de dependencia primaria de aprobación por parte de los padres, recuerde que después de la boda ellos pasan a un segundo plano en su vida. Y si hablamos de una dependencia de ayuda emocional en los conflictos matrimoniales, es lógico que cada padre opinará desde su visión de defensa por el nexo sanguíneo, aunque la otra parte tenga la razón, lo que creará diferencias que pueden desencadenar conflictos en la pareja.

Al fomentar la separación emocional, las parejas detendrán la idea a la hora del conflicto, que los padres acaricien un retorno a sus casas de solteros. En nuestra consejería encontramos a nuevos matrimonios en conflicto, pensando en la posibilidad de volver con sus padres por lo menos por un tiempo mientras resuelven las crisis, lo cual es totalmente imprudente. Por otra parte encontramos a padres que al enterarse del conflicto de sus hijos les dejan saber estas palabras: "esta es tu casa, cuando quieras nosotros te recibimos...", "Con nosotros tu cuentas para todo, así que no aguantes malcriadeces de otros"; estas pueden ser expresiones de amor de los padres hacia los hijos, lo cual es legitimo ya que los hijos duelen aún después de casados; pero la Biblia marca limites en el matrimonio diciendo: "Por tanto, dejará el hombre a su padre y a su madre, y se unirá a su mujer, y serán una sola carne".

Cuando necesiten ayuda por causa de algún conflicto en la relación, busquen ayuda de personas neutrales que no tengan vínculos afectivos, para que no sean juez y parte de la situación; a sus líderes espirituales, consejeros, personas o parejas maduras, que hayan alcanzado estabilidad matrimonial y familiar, que puedan darles el consejo más apropiado a la necesidad.

La separación emocional con los padres no implica que serán dejados de honrar por sus hijos, ni el ser dejados de atender en alguna necesidad física, emocional o espiritual. Ellos seguirán siendo padres y los casados seguiremos siendo hijos; es un compromiso mantener el principio de honra bíblico hasta el final. Amar, respetarlos, darles honor siempre, suplir sus necesidades cuando ellos ya no tengan la capacidad física y económica para hacerlo, es parte del compromiso, así se les recordará cuanto se les ama y lo importantes que son para nuestras vidas.

La tercera es la separación económica; ya que todo nuevo matrimonio debe iniciarse bajo su propia independencia financiera. Es una de las áreas donde el éxito como padres es evidenciado, pues demostrará cuanto se les enseñó a los hijos a manejar el dinero, la visión del ahorro, del diezmo a Dios, del dar, preparándoles el camino para no depender financieramente de ellos y construir una nueva familia estable económicamente.

Es lamentable ver a padres tener hijos (varones y hembras) que aún después de adultos dependen económicamente de ellos; hijos que no se hacen cargo de sus propios gastos, que al entrar en la vida matrimonial piensan que papi y mami les van ayudar al sostenimiento de sus obligaciones, lo que representa un peligro para la nueva relación; ya que si los padres se sienten obligados a aportar económicamente, también se sentirán con el derecho de tener injerencia en las decisiones de la pareja. Es por esto la importancia de tomar la instrucción de separación económica para la independencia matrimonial.

Quiero dejar nuevamente claro en la conciencia de mis lectores que la separación no representa dejar de honrar a los seres que nos dieron la vida, porque estaríamos violando el mandamiento divino que dice: "Honra a tu padre y a tu madre, que es el primer mandamiento con promesa; para que te vaya bien, y seas de larga vida sobre la tierra." Efesios 6:2-3, así que le damos el lugar de honor que merecen con nuestras palabras y acciones, pero ponemos limites para fortalecer la relación conyugal.

2.- Unirá

"...y se unirá a su mujer, y serán una sola carne."
Génesis 2:24 (RVR 1960).

La permanencia en la vida matrimonial debe representar el compromiso de protección mutua, cumpliendo con el pacto que un día se hizo de estar juntos en las buenas y malas, salud y enfermedad, abundancia y escasez, alegrías y tristezas.

A pesar de hoy tener alrededor las voces de la sociedad sin Dios que dice que el matrimonio esta en vía de extinción, y nos fomentan que es hasta que los problemas o las deudas nos separen, Dios apela y demanda al pacto de cuidado y protección que debe conducir a cada matrimonio a que se cumpla la segunda orden que es la de "Unidad".

Se produce la separación de los lazos con los padres para traer la unidad de un hombre y una mujer que han decidido casarse para llegar a ser una sola carne, solidificando la relación a través de los años; pero para que se cumpla ese proceso debemos de cumplir con la demanda de Dios de separación con el siguiente propósito:

1.- Nos uniremos para suplir las necesidades de nuestra pareja.

No es igual decir: "me case para satisfacer mis necesidades", que decir: "me case para satisfacer sus necesidades"; cuando analizamos estas dos expresiones podemos comprender que la primera es un comportamiento personal egoísta de pensar solo en la satisfacción personal; la segunda cumple con el plan de conformar un equipo donde se hará el trabajo de saciar, cubrir, brindar apoyo en las necesidades del otro cónyuge.

2.- Nos uniremos para suplir lo que se dejó en la separación:

.- Unidad Económica: Nos separamos del vinculo paterno en esta área, y ahora hacemos un bloque de unidad para construir un bien común financiero en beneficio de la nueva familia que se está formando.

Entendemos que traemos al matrimonio conceptos familiares y culturales que no respaldan la unidad económica y somos influenciados por estas, pero cuando aprendemos a usar la cultura bíblica, escritural y hacemos lo que Dios nos enseña en su palabra, construiremos matrimonios sólidos, dejando un legado para nuestras herencias, que son nuestros hijos.

Así que en la vida de pareja no solo hablamos de la separación monetaria que debe haber con los padres para tener unidad con el conyugue, sino que tener el dinero en común como un pote de ganancia juntos, independientemente de quién produce más o quién menos, establecerá bases solidad que consolidan a un buen y gran equipo.

.- Unidad Emocional: Ahora protegemos, cuidamos, suplimos y compartimos las necesidades emocionales juntos, construyendo una intimidad de afectos, sentimientos e impresiones emocionales donde no hay terceros que intervengan, creando la solidez necesaria que llevará al matrimonio a la madurez, con un alto nivel de intimidad, transparencia y dependencia mutua. Unidad que conducirá a cada matrimonio a experimentar ser una sola carne y estar en

desnudez sin avergonzarse, donde unidos podrán enfrentar temores, frustraciones, miedos, vergüenzas y conflictos juntos.

De la expresión de la Biblia: "Y estaban ambos desnudos, Adán y su mujer, y no se avergonzaban...", podemos sacar una implicación importante para nuestras vidas matrimoniales, que no solo representaba el estar sin vestiduras, debemos llevarlo aún más allá e incluir tal desnudez al área emocional, donde aprendemos a vivir transparentes el uno con el otro, sin nada que esconder, nada que ocultar, siempre mostrando una vida de total integridad como pareja, para que así la desconfianza e inseguridad no gane ventaja en la relación, La consolidación económica y emocional conducirá a cada pareja al siguiente nivel.

Unidad Física: Cada pareja se convierte en un equipo donde hay convivencia, conocimiento de lo privado, durmiendo en la misma cama, conociendo y aceptando defectos que otros no conocen, complementándose con las virtudes, en fin, juntos, desnudos, llegando a ser una sola carne.

Nos unimos en las buenas, malas, en enfermedad, salud, abundancia, escasez; comprometidos en un pacto de protección, no como sucede en nuestra sociedad cuando dicen: "hasta que las deudas nos separen", el compromiso de los matrimonios cristianos debe ser y mantenerse en todo momento, hasta que la muerte nos separe.

En mis notas finales quiero hacer referencia a la relación de mis padres, quienes recuerdo que sin tener una Biblia como manual de vida, sin asistir regularmente a una iglesia cristiana, a pesar de el desconocimiento en muchas áreas, de los problemas, en medio de las tempestades, aplicaron principios de separación y unidad en su matrimonio, su unidad era una roca solida que duró 56 años, solo la muerte de mi padre produjo su separación. Ellos le dieron permanencia al pacto en una unidad que decidieron tener, a pesar de no tener letra, fue la muerte quién los separó. Este ejemplo siempre ha estado en mi recuerdo y agradezco a ambos su firme determinación de mantenerse unidos hasta el final, ha sido el mejor regalo que me pudieron dar y hoy quiero dejárselo a mis hijos; creo que es el mejor regalo que podemos darle a nuestras herencias. Igualmente es mi mejor deseo que tu matrimonio permanezca en unidad aplicando separación, para que juntos y de acuerdo lleguen hasta el final.

Quiero invitar a mis lectores a los próximos capítulos, donde dejaré lineamientos que ayuden a las parejas a visualizar las diferencias de código con los que han sido diseñados hombres y mujeres, para que en esas diferencias aprendan a aceptarse y complementarse con la función que Dios les ha delegado, comenzando con el sexo masculino en el inmediato tema que he titulado: "Codificado Hombre", acompáñenme al capítulo dos.

Capítulo Dos

CODIFICADO HOMBRE

"Entonces Jehová Dios formó al hombre del polvo de la tierra, y sopló en su nariz aliento de vida, y fue el hombre un ser viviente." Génesis 2:7 (RVR 1960)

En muchas ocasiones y tiempo de consejería escucho expresiones que para muchas mujeres en esta lectura se hace familiar, esposas que manifiestan de sus relaciones matrimoniales frialdad con palabras como: "Me siento frustrada porque mi esposo no muestra el mismo amor que yo le expreso", "Siento que mi matrimonio lo estoy perdiendo por la indiferencia de mi marido ante los problemas del hogar", "No sé qué hacer ahora que estoy casada, estoy cansada". Estas son expresiones comunes de esposas que están fatigadas en sus relaciones porque no logran alcanzar un nivel de aceptación hacia el hombre que está a su lado.

Muchas mujeres se sienten frustradas al ver que sus esposos no ven la vida matrimonial con la misma óptica con la que ellas la ven, ni ellos reaccionan con las mismas expresiones que el sexo femenino.

Cuando revisamos las causales de divorcio en algunos países, encontraremos que se permite la separación legal por dichas diferencias, alegando la incompatibilidad de caracteres, lo cual bajo ningún concepto debe de ser aceptado; de ser así estaríamos pasando por alto el diseño del creador.

Al revisar lo que la Biblia habla acerca de la creación, deja claramente definido que fuimos creados con sexos, aparatos reproductores, fisonomía, y funciones diferentes; los hizo varón y hembra, con el fin de que en las diferencias y unidad de ambos se pudiera cumplir con el propósito en la vida conyugal.

El libro de los comienzos lo dice así: "Y creó Dios al hombre a su imagen, a imagen de Dios lo creó; varón y hembra los creó"; Génesis 1:27. Dios deja claramente la diferencia: un varón y una hembra, permitiéndose por el creador solo la unidad de un hombre para una mujer y una mujer para un hombre, donde en los estudios físicos, biológicos y sicológicos de ambos sexos los resultados son contundentes: Somos diferentes.

El comprender la creación y el propósito de Dios, debe llevar a las parejas a entender la composición tan diferente con la que ha sido diseñado el hombre de la mujer. Cuan necesario es para ambos tener claridad del molde en el que Dios crea al sexo masculino el cual es tan diferente al molde femenino; ya que el hombre piensa, siente, actúa, ejecuta, reacciona de forma diferente a la mujer, tal comprensión lleva a cada esposa a no presionar un cambio de personalidad, sino que debe aprender a conocerlo y aceptarlo, ayudándolo en las áreas más débiles de su carácter, complementándose en las funciones que a cada uno les corresponde.

Ninguna esposa debe esperar que su esposo piense, reacciones y actúe igual a ella, y quiero ir más allá diciéndoles que no es cierto que les gustan las mismas cosas, simplemente Dios, nuestro creador nos hizo diferentes.

En mi caso personal mi esposo y yo somos tan pero tan diferentes en nuestras personalidades; él es una tarde gris, yo un cielo azul; a él le gusta el café con crema, a mí el café negro; me gusta ir a las tiendas, el compraría por internet; me gusta abrir todas las ventanas de casa, él las quiere todas cerradas. Podemos decir que sí tenemos algo en común diríamos: "solo la dirección de la casa". Sé que al leer mis líneas, seguro te estarás riendo conmigo diciendo: "se parece a mi matrimonio".

Cuando aceptamos casarnos lo hacemos considerando que nuestra pareja reúne las cualidades que nos atraen, que nos hacen sentir identificados el uno con el otro, y no vemos por ningún lado esas diferencias que nos puedan llevar a pensar que no es el hombre o la mujer ideal, pero recuerda, estábamos en la etapa del noviazgo, donde no se puede definir a detalle su carácter. Así que los conflictos que verdaderamente sacan a la luz la verdadera personalidad se inician con la vida matrimonial; es en este vínculo que comenzamos a convivir y a conocernos a profundidad, es en la privacidad que mostramos al desnudo lo que verdaderamente somos; dejando al descubierto las virtudes, pero también las diferencias, defectos y debilidades. Es en el matrimonio donde comenzamos a pensar si verdaderamente es el príncipe azul montado en el corcel blanco.

El ser humano es un individuo centrado en sí mismo, y el matrimonio es la unión de esas dos naturalezas diferentes para llegar a ser una sola carne. Así que se convierte en un proceso de conocimiento pero también de aceptación para lograr tal complemento y satisfacción de las necesidades mutuas.

Al casarnos estamos aceptando de manera voluntaria recibir a esa persona con un conjunto de virtudes pero igualmente diferencias, que como dije en líneas anteriores no logramos percibirlas en el noviazgo, pero que al hacer el pacto de unidad tomamos el paquete completo que ahora debemos abrir para conocer lo que hay en el interior. Ayudar a trabajar las áreas débiles y fortalecer virtudes es un proceso de aceptación, amor y respeto, que consolida el pacto.

A continuación quiero dejarles algunas cualidades y características que son parte de la composición de los hombres y lo que los hace diferentes a las mujeres, entendiendo que Dios hizo un molde diferente para cada uno.

1.- Codificado líder

Entonces dijo Dios: Hagamos al hombre a nuestra imagen, conforme a nuestra semejanza; y señoree en los peces del mar, en las aves de los cielos, en las bestias, en toda la tierra, y en todo animal que se arrastra sobre la tierra. Génesis 1:26 (RVR 1960)

Dios al crear al hombre lo designa como un líder y le da la responsabilidad de guiar bajo su liderazgo su hogar; dejando claro que bajo ningún concepto esa posición está enfocada en desestimar el potencial y capacidad de la mujer; ya que cuando esto sucede, el modelo que se está usando es el cultural que sabemos a través del tiempo ha querido imponerse por encima del bíblico.

Entiéndase que esta codificación y designación se produce para darle orden a los planos divinos, se necesita en toda dirección que alguien esté delante guiando para llegar a feliz término con el plano trazado. Vemos en los relatos bíblicos que fue el hombre a quien Dios creó primero, para darle autoridad de señorear sobre lo que está en el mar, en los cielos y la tierra, al punto de darle tal autoridad a Adán de asignar nombre a los animales, es más, Dios lo instruyó para tal asignación, como dice la escritura: "Jehová Dios formó, pues, de la tierra toda bestia del campo, y toda ave de los cielos, y las trajo a Adán para que viese cómo las había de llamar; y todo lo que Adán llamó a los animales vivientes, ese es su nombre." Génesis 2:19.

Me imagino a Dios entrenando a Adán para realizar su función, si visualizan a este hombre poniendo nombre a tantos animales, comprenderán que es toda una ardua tarea de jefe; y la mujer ni por todo el huerto se encontraba, porque aún no había sido creada.

Al formarlo lo codificó y asignó para el liderazgo, le guste o no a la liberación femenina; ya que sabemos que este movimiento se ha levantado en contra del diseño divino igualando la posición, dejando ver que las mujeres pueden ejercer las mismas funciones dentro del vínculo familiar, lo que ha creado rebelión y caos en una sociedad anti Dios. Así que dicha codificación por el creador marca una directriz y orden para el efectivo funcionamiento de la familia.

Existen hogares donde se crean conflictos porque el hombre no llega a marcar la pauta direccional por su falta de liderazgo, pero quiero dejarles claro que esta carencia no es por defecto de fabrica; el creador del hombre lo hizo a su imagen y semejanza, pero fue el pecado y es hoy junto al desconocimiento la falta de formación la que ha levantado hombres lisiados en su potencial.

Desarrollar este potencial de liderazgo del hombre es tan importante, que los padres tienen una gran tarea con los hijos varones desde que son niños. Comienza en la infancia el trabajo de explotarle tal codificación y capacidad, para que al llegar a adultos ya puedan descifrar el sello con el que fueron diseñados: lideres.

En estas líneas quiero dejarle mi recomendación a las esposas de carácter dominante, que les cuesta respetar el liderazgo masculino y usurpan una posición que no les corresponde, ocupando el lugar del esposo como vía fácil, donde dirigen, toman decisiones sin consultar, toman el control de sus casas, desvirtúan los ordenes bíblicos y se convierten en cabeza familiar; les digo que deben desistir de tal actuación de control y ceder al esposo el lugar que no se negocia, Dios se lo entregó, y eres tu como esposa la ayuda para que el ejerza efectivamente su función. Cuando la esposa ocupa este lugar que no le pertenece, está matando el potencial de su esposo al que entendemos que en su proceso de educación no le enseñaron a ejercer tal posición y qué tú en el noviazgo no lo percibiste, pero que ahora no es trabajo suplantarlo, sino ayudarlo a desarrollar tal potencial.

2.- Codificado productivo & proveedor

"Tomó, pues, Jehová Dios al hombre, y lo puso en el huerto de Edén, para que lo labrara y lo guardase." Génesis 2:15 (RVR 1960)

Dios al crear al hombre lo codificó igualmente con una capacidad de productividad extraordinaria y lo afirmó colocándolo en el huerto del edén, entregándole la tierra para que la trabajara labrándola, sembrando, cosechando, recogiendo y guardando; función delegada hasta hoy para cada hombre.

Los tiempos habrán cambiado pero la Palabra de Dios sigue siendo la misma; así que el problema no está en el diseño sino en la efectividad del funcionamiento del mismo, que lo ejerce cada cual al que se le asigna. Muchas veces no es solo por su propia responsabilidad que es inefectivo, sino por la obligación de cada padre y madre dentro del vínculo familiar de educar y disciplinar al niño - varón, para moldearlo; de allí el propósito y plan con el que el creador formó la familia, que no solo era para darles protección a cada miembro, sino también para desarrollar las capacidades con las que todos hemos sido creados.

Hoy los roles han sido cambiados, podemos observar hogares donde las mujeres salen a los campos de trabajo, trayendo el sustento a la familia, mientras que los hombres realizan la función de cuidadores de de casa, donde limpian, cocinan, lavan, cambian pañales y están al frente de la administración en una labor entregada al sexo femenino.

Les pido a mis lectores que no me malinterpreten, no estoy diciendo que no es bueno que lo aprendan, mucho menos que en un momento dado lo puedan hacer, a lo que me refiero es que esta no es la función primordial de ambos, ya que la mujer ha sido designada una ayuda y cuidadora de casa, y el hombre un líder y proveedor de su familia. Es por esto que si se usan los patrones de la mujer en la calle trabajando y el hombre en la casa cuidándola, se violenta el orden establecido en el Huerto del Edén, donde la violación de los mismos trae consecuencias, aunque usted no lo crea.

Debido a esta violación de normas bíblicas es que observamos conflictos, crisis de identidad en los hijos, hombres y mujeres frustrados, amargados, decepcionados, porque no están desempeñando el rol correcto; donde se les está dejando a los hijos una herencia de patrones desvirtuados que copiarán y llevarán a sus nuevas familias. Hoy vivimos en medio de una sociedad desordenada, por formar hogares desordenados, sin los lineamientos de quien creó este núcleo, Dios.

Para todos los matrimonios que están educando a hijos varones, les animo a que les enseñen el valor del liderazgo y los eduquen desde pequeños a desarrollar productividad, para que sean proveedores responsables en el futuro.

3.- Codificado Techo

Vosotros, maridos, igualmente, vivid con ellas sabiamente, dando honor a la mujer como a vaso más frágil, y como a coherederas de la gracia de la vida, para que vuestras oraciones no tengan estorbo. 1 Pedro 3:7

La sociedad moderna en la que vivimos ha confundido el papel asignado por Dios al hombre dentro del matrimonio y la familia. Cuando Dios creó a Adán le asignó dos funciones: "labrar y guardar" el huerto, que es lo mismo que ser un proveedor. El hombre en su asignación divina fue creado para proveer y por eso se le hace fácil pensar en el trabajo y hablar de lo que hacen, pero además hay otra asignación que es la de "guardar", de ser un techo, una cobertura para su mujer y sus hijos donde se da protección.

El hombre es responsable de estar atento a lo que su esposa necesita no solo desde la perspectiva material, atento a lo que pudiera hacerle daño, prudente en tener la palabra sabia en los momentos de las decisiones de importancia.

Mientras escribo este libro hay hombres que por no cumplir con sus asignaciones, muchos andan por la vida desorientados, probando una cosa y otra, pues no han tenido a alguien que les guíe en la hora de las decisiones.

El apóstol Pablo cuando escribe a Timoteo en el capítulo tres de su primera carta dice que una de las cualidades que debe poseer un hombre -líder cristiano es que "gobierne bien su casa". Estoy convencida que la prueba de fuego para un hombre no es la de ser exitoso en la empresa que corre o en la función que ejerce en una compañía o el éxito que tiene en el ministerio cristiano; les aseguro que no importa que tan exitosos sean como hombres en cualquier área fuera de sus hogares, la mayor demostración estará en ser exitosos con sus familias, y que debe ser el enfoque primordial de todo varón.

Si el hombre no fomenta el éxito matrimonial y familiar con la asignación que Dios le ha codificado, entonces su éxito está incompleto. Son los miembros de la familia los principales testigos de la efectividad de su función como líder y techo de su hogar. Ellos no pueden ser engañados ya que tanto la esposa como los hijos ven y experimentan el desempeño como techo del esposo - padre, siendo parte de todos los momentos que se viven en privado.

Quiero animar a todos los esposos que leen este libro a que abran su corazón y puedan con sinceridad hacer una revisión personal e intima de cómo están manejando la posición delegada por Dios dentro de su matrimonio y su familia. La sinceridad y transparencia de un hombre cuando verdaderamente desea mejorar y entender que ha sido codificado una cobertura, un techo para los suyos lo eleva a nuevos niveles de compromiso pero también de satisfacción con sus seres amados, ya que es la familia quien más disfruta saber que tienen un techo protector para sus vidas, donde se cobijan sabiendo que hay alguien que les guía, cuida, provee y protege.

Sería de valientes que muchos hombres en conversaciones transparentes y en la confianza que los une a sus esposas, les preguntaran si ellas tienen la misma imagen de él que las que tienen las personas de su entorno, como amigos, hermanos, compañeros de trabajo, y evaluar los puntos ciegos que el conyugue observa que el esposo no detecta.

A veces una conversación con los hijos puede llevar a un padre a medir el grado de admiración que ellos tienen hacia su persona; sentarse con los hijos y preguntarles lo que quisieran copiar de su padre cuando sean independientes y no vivan juntos; puede dar un panorama de la influencia de liderazgo, provisión y protección que se está ejerciendo sobre sus vidas.

Cuando un hombre tiene la valentía de hacer estos exámenes y tener respuestas, podrá hacer un balance y sabrá si está cumpliendo eficazmente el papel desempeñado que ha sido asignado por Dios, lo que lo ayudará a ser cada vez mejor.

Me llama la atención la expresión de Pedro que dice: "para que vuestras oraciones no tengan estorbo", son palabras fuertes pero claras para los hombres, quienes deben entender el significado espiritual de su asignación, quien corta la línea de comunicación cuando este no realiza eficazmente su labor.

Su descuido de cobertura hacia su esposa que es más frágil, que no tiene las mismas fuerzas, su descuido muchas veces al ceder la posiciones que a él le corresponden, levantará una barrera que no le permitirá traspasar los cielos con sus oraciones, serán estorbadas y no escuchadas por Dios. es tan seria esta declaración en este versículo que tiene que llevar a muchos hombres a la respuesta del porqué tanto tiempo orando y esperando respuesta del Señor y no ver cielos abiertos; simplemente porque sus oraciones han sido estorbadas por el descuido de su responsabilidad.

4. Codificado mentalmente diferente

Al estudiar la conducta humana encontraremos que hombres y mujeres no piensan igual, esto debido a que la mente de cada sexo está alojada en el mecanismo síquico de forma diferente, llevando a la voluntad y luego a las acciones tales pensamientos en direcciones opuestas, produciendo que las mujeres seamos auditivas y los hombres visuales, el sexo femenino generalmente expresivo, el masculino más introvertido.

El diseño emocional difiere el uno del otro, es por esto que la mayoría de esposos les cuesta ser expresivos emocionalmente en sus relaciones; les cuesta decir te amo constantemente, mostrar afinidad con palabras, y no es que no amen a sus esposas, es que su codificación no está ligada al romanticismo. En cambio la mujer ha sido creadas con un alto grado de sensibilidad, donde ellos no entienden que las mujeres lloran porque están tristes pero también porque están contentas, y muchos dicen: ¿quién entiende a las mujeres?. Así es el sexo femenino, porque Dios nos creo diferentes.

Escucho a muchas esposas referir: "Tengo que sacarle las palabras con cucharilla", "El no me escucha", "Pareciera que vive en otro planeta", "No podemos tener una conversación fluida"; sencillamente la forma de los hombres expresar sus sentimientos y cercanías con su esposa va en otra dirección y con un lenguaje diferente, tal vez es corto de palabras pero abundante en acciones, le colabora en casa, le trae regalos, donde las acciones se convierten en el medio comunicacional de expresar sentimiento en la relación. Esposa, no es que no te ame, es que tienes que descubrir cuál es su lenguaje de amor.

Es tan distinta la mente de ambos, que en la condición pecaminosa del sexo masculino, el hombre es más susceptible a los deseos de concupiscencia e inmorales, porque es atraído por lo que ve, llevándolo a la mente y creando imaginariamente una fantasía; de allí que la pornografía a ganado una gran ventaja, convirtiéndose en un arma de Satanás efectiva para seducir y atrapar a muchos hombres, donde son seducidos a caer en dicha práctica, lo que a las mujeres les es difícil de entender; simplemente porque no fuimos creadas visuales, sino auditivas. Diferencias que desarrollaré en algunos capítulos.

5.- Codificado sexualmente varón

La Biblia dice: "Varón y hembra los creó". Génesis 1:27; y dentro de ese diseño hizo diferencia no solo en aparatos reproductores y condiciones físicas diferentes, sino que la óptica con la que vemos la vida sexual difiere, lo que crea en la relación una serie de conflictos que generan distanciamiento y frustración, por causa del desconocimiento.

Mientras las esposas requieren para el acto sexual de una larga preparación, como intercambios afectivos, palabras tiernas, expresiones de halago, esto por ser auditivas; los esposos recorren otra ruta de excitación estimulada en el cerebro por lo que ven, direccionándola luego a las emociones, para poder llegar al placer, donde este recorrido pareciera más largo para llegar al punto de satisfacción, pero la realidad es que es más corto, a diferencia de la esposa que realiza un largo trayecto emocional para llegar a cubrir sus necesidad en esta área.

Llevándolo a unos ejemplos prácticos, podemos decir que ellos suben por el ascensor y nosotras por la escalera, si alguien recuerda las cocinas a gas saben que estás al encenderlas se podrá ver la llama en toda la extensión de sus colores, mostrando lo inmediato que puede calentar en la superficie, al colocar las manos cerca sabremos que sus llamas están listas para quemar; en cambio cuando observamos el funcionamiento de la cocina eléctrica sabemos que el proceso de calentamiento es diferente, esta ultima tarda un poco más y de hecho podemos observar como la intensidad va cambiando a medida que pasan los minutos, al acercar las manos sentimos un aumento paulatinamente. Lo mismo sucede en la vida sexual de las parejas, donde cada esposo y esposa necesitan entender la codificación sexual de su pareja.

Cada varón es responsable de conocer su composición creativa, la función asignada, los dones dados por su creador, para ocupar el lugar que le corresponde y desempeñar su labor de forma efectiva dentro del vinculo matrimonial y familiar.

Ahora quiero invitar a mis lectores a darle un recorrido a la asignación de la esposa, como complemento adecuado para hacer equipo con su líder. continúen con mi tema: "Codificada ayuda idónea". Acompáñenme al capítulo tres.

Capítulo Tres

CODIFICADA AYUDA IDÓNEA

[18] Y dijo Jehová Dios: No es bueno que el hombre esté solo; le haré ayuda idónea para él. Génesis 2:18 -23 (RVR1960)

Cuan privilegio nos ha dado el Señor al colocarnos dentro del vinculo familiar como mujeres dotadas para desempeñar la labor de ser esposas y portadoras del milagro de Dios en nuestro vientre para ser madres, igualmente asignadas con la tarea de ser administradoras competentes de nuestros hogares, para acompañar al líder como un complemento, formando el gran equipo.

Siento tristeza al escuchar a muchas jóvenes hablar de sus proyectos a futuro, observando que dentro de sus planes tienen como última opción el ocupar el rol de ser esposas y madres, de hecho cuando analizo el enfoque que ellas tienen sobre la vida matrimonial y familiar cada día se distancia más del plan original de Dios, de haber sido creadas por causa de la soledad del hombre y ser una ayuda idónea para el esposo.

He tenido la oportunidad de hablar con muchas damas solteras cristianas, que en sus proyecciones no aparece el modelo Bíblico de función y rol dentro del matrimonio. En conversaciones personales algunas me han manifestado que no desean ser madres, si en un futuro, tal vez después de los 30 años; en cuanto al significado de ser administradoras de casa, otras consideran que esa no es la carrera en la que desean graduarse. Estas expresiones me han llevado a observar como los fundamentos familiares se siguen diluyendo en la sociedad y aún en la iglesia del Señor. Considero que se ha perdido el amor e interés por ejercer la función asignada para la mujer en el huerto.

La Palabra de Dios nos hace una exhortación a las ancianas, mujeres adultas, maduras, a enseñar a las más jóvenes a afirmar sus valores, roles y funciones como administradoras del hogar, lo que me motiva a querer dejar plasmado en las líneas de este libro este tema, hoy desestimado por la sociedad y la iglesia, pero dejado en las escrituras para preservar el vinculo familiar; ya que a pesar de los pronósticos debemos seguir trabajando para dejar la mejor herencia a la generaciones de relevo.

El Apóstol Pablo le deja a Tito algunas de las ordenanzas acerca de la Sana Doctrina diciendo: "Las ancianas asimismo sean reverentes en su porte; no calumniadoras, no esclavas del vino, maestras del bien; que enseñen a las mujeres jóvenes a amar a sus maridos y a sus hijos, a ser prudentes, castas, cuidadosas de su casa, buenas, sujetas a sus maridos, para que la palabra de Dios no sea blasfemada..." Tito 2:3-5. Así que las mujeres que hemos recorrido un trayecto como esposas, madres, con madurez, tenemos la asignación de enseñar e instruir a las jóvenes que se están levantando en nuestra sociedad confundida.

De manera personal como cristiana, con un ministerio para matrimonios, por más de treinta y dos años, casada por más de treinta y cinco, madre de dos hijos ya ambos casados, y próxima a ser abuela, me siento en la responsabilidad de dejar directrices para afirmar el valor registrado en la Palabra sobre las esposas. No lo hago porque en mi recorrido haya logrado a cabalidad cumplir con tal función, debo confesarle a mis lectores que he cometido graves errores que me han costado días de llanto y frustración, tiempo en el que he aprendido a comprender mi rol determinante en mi vida familiar, gracias a las escrituras y a mujeres que también me inspiraron a ejercer mi función, he podido entender el sello con el que la mujer fue creada, el complemento correcto que encaja en el organigrama de Dios, para darle complemento a la función del hombre: codificadas ayudas idóneas.

Toda esposa es una pieza clave dentro del rompecabezas familiar, es más yo defino que somos el motor de casa aunque el esposo es el líder; no podemos negar que nuestra labor es vital, somos clave para la unidad y efectivo funcionamiento del núcleo.

Nuestro creador nos diseño de una manera extraordinaria, con capacidades multifacéticas, dándonos la habilidad de administrar, cuidar, amar, procrear; con inteligencia para ser colaboradoras efectivas, dotándonos de sabiduría para ejercer tal función, pienso que Dios hizo una mujer maravilla en el huerto, reproducida en cada una de nosotras; aunque la cultura ha querido mutilar nuestro potencial y la sociedad solo ha valorado la parte física, nuestro valor y estima, sobrepasa largamente a la de las piedras preciosas; así que no podemos permitir que sea desestimado el potencial de la mujer dentro del vinculo matrimonial.

El creador del matrimonio ha delineado claramente los papeles tanto de la esposa como el del esposo; así como lo hemos estado revisando en otros capítulos. Ambos tienen características físicas complementarias, de igual forma disfrutan de papeles complementarios, donde el éxito de los conyugues en sus asignaciones demanda la cooperación de ambos.

Nuestro papel está lleno de desafíos para lograr suplir todas las necesidades del hogar, reto que ninguna carrera profesional puede igualar, sin ni siquiera recibir promoción con diploma universitario; a nadie se le ocurrió a través del tiempo crear escuelas técnicas o universidades para enseñar tales asignaciones, pero entendemos que Dios nos capacitó y la Iglesia cumple un papel primordial para ayudarnos en nuestro desempeño y el Señor del matrimonio nos da la recompensa.

Cuando revisamos las cualidades de la mujer del libro de proverbios capítulo 31, las mismas están enfocadas a la familia, todo lo que ella hace está destinado a bendecir a su esposo, sus hijos y el resto de su entorno. Las esposas son como las abuelas bordadoras que tiene en sus manos diferentes tipos de hilos de colores que con sus agujas entrelazan y combinan cada variedad de rollos para tejer toda una historia entre risas, alegrías, lagrimas, tristezas, aciertos, fracasos, pero con la determinación que disfrutarán un día el trabajo final.

Cada una de nosotras somos las que bordamos lo que queremos de nuestras familias para dar armonía, paz, regocijo, bendiciendo a las personas que más amamos, nuestros esposos e hijos. Así la ayuda idónea del libro de proverbios nos da un ejemplo a las esposas de hoy para reflejar las más preciadas cualidades de una mujer de Dios, donde deja de manifiesto que nuestra mayor expresión de belleza se encuentra en nuestro interior, que nace del espíritu apacible que se conecta con su creador, convirtiéndonos en esposas dignas de confianza, buenas administradoras del presupuesto económico y no derrochadoras, esposas sumisas, adecuadas para el propósito, fieles a nuestras familias, amantes de nuestros esposos, talladas por Dios para completar su plan dentro del hogar.

Al iniciar mi tema les hablaba acerca de las expresiones de muchas jóvenes que desestiman el valor de ser una ayuda para el esposo y la familia, algunas consideran la labor de segunda clase, pensando en que tal desempeño rebaja su condición como mujeres, solo porque la sociedad, junto a la liberación femenina ha inyectado el virus de la rebelión a tal posición, dejando marcada la visión que valemos por lo que somos y no por lo que dice la Palabra de Dios, enseñanzas erradas que han traído deserción por considerar que ser ayuda es una tarea irrelevante.

Observo con preocupación cómo nuestras jóvenes están perdiendo ese interés de aprender y amar la designación de ser una cuidadora de su casa, ayuda idónea, complemento y entiendo que se debe a la falta de influencia recibida por parte de cada madre y el aporte de quienes somos portadoras de la verdad, a través de los años el silencio de la iglesia de Jesucristo ha ido desviando este tema al punto de hoy ser empoderadas en logros solo personales así como ministeriales, desestimando el empoderamiento como ayudas idóneas, esposas efectivas en el rol asignado por Dios dentro del matrimonio, alimentado en muchas mujeres el deseo de solo alcanzar metas educativas, profesionales y ministeriales.

No quiero que mis lectores malinterpreten mi óptica, considero que toda mujer tiene el derecho legitimo de prepararse y desarrollarse, lo que nunca aprobaré es que estos logros se obtengan mutilando las capacidades de ser efectivas como complemento en el hogar, lo que deja como consecuencia en ocasiones sacrificar a la familia.

En mi caso todo se inicio en casa, ya que mi madre me dejó un modelo a temprana edad, ella no solo marcó mi vida con su ejemplo, sino que me daba asignaciones haciéndome responsable juntamente con mis hermanas de atender las obligaciones que demanda un hogar. Comenzó desde que tenía corta edad a asignarme el cuidado de mi cuarto, el cual debía ser un modelo de administración y organización, allí comenzó todo para mí, afirme con estas tareas la cualidad de ser una cuidadora de casa, al igual que mis hermanas, adoptando las mismas sin ningún tipo de trauma con el que pudiese chocar al estar ya casada.

Entiendo que las malas enseñanzas culturales han mutilado el potencia de la mujer, tema de mi libro Un Hueco En El Vacio, donde le dejaron ver que solo servían para limpiar, lavar, cocinar, lo que condujo a una condición de abuso e irrespeto por parte de muchos esposos, ya que la cultura lo aprobaba y por años la iglesia también; por otro lado encontramos que la sociedad como decía en líneas anteriores comenzó a incentivar a la mujer a salir de casa, formarse como alguien importante, estudiando y saliendo a los campos de trabajo, porque a los motivadores de ambos lados nunca les ha interesado el bienestar familiar, sino levantar una bandera de rebelión en contra de lo establecido por Dios, creando caos en las familias reflejado en la sociedad; influencia que ha alimentado el desanimo a muchas mujeres y nuevas esposas a ser efectivas ayudas, cuidadoras de casa y madres.

Hoy tenemos una crisis profunda donde los papeles establecidos en las escrituras se han distorsionado; viendo a las mujeres salir a los campos de trabajo, y el esposo quien debía ser un proveedor como lo enseñé en el capítulo anterior, ahora se convierte en un cuidador de casa, limpiando, cocinando, cuidando los niños, cambiando pañales, en el fregadero, mapeando la casa; no me mal entienda, no estoy diciendo que un esposo no pueda colaborarle en algún momento a su mujer, lo que quiero decir es que esta no es la función asignada al varón, a él se le dio la tarea de liderar, proveer y ser techo, mientras el de la mujer es cuidar, atender, administrar y ordenar su casa.

Como cristiana, esposa y madre de dos hijos, entiendo que todo comienza en casa, afirmándose en la iglesia. He podido entender que el cuidado de nuestros esposos, hijos y casa es una identidad de espiritualidad; cuanto más aprendemos acerca de nuestra asignación y la ponemos en práctica estamos demostrando que ponemos en práctica los mandatos divinos, dando testimonio de madurez espiritual.

Por haber mantenido a través de los años un silencio sobre la formación en la vida matrimonial y familiar, no podemos negar que Satanás a ganado ventajas para introducir su basura en los matrimonios y desvirtuar el diseño original.

La espiritualidad ha sido trasladada solo a la vida de la iglesia, como si fuese un vestido dominguero que se coloca cuando vas al culto evangelístico, donde se ha ido olvidando la practicidad de la Biblia en los hogares y cada quien construye su propio modelo, dejando ver que el que Dios estableció no cuadra con su matrimonio o familia, pero eso no es así; el Señor de nuestras vidas quiere bendecirnos, y solo lo hará con su modelo, de allí cuando vemos los resultados de muchos matrimonio cristianos son de fracaso, miseria y derrota a pesar de ir al culto todos los domingos.

Las esposas cristianas tenemos un manual que rige, coordina, dirige nuestros estilos de vida, porque exactamente eso es el cristianismo, un estilo de vida modelado por un libro llamado La Biblia, donde se nos enseña que lo primero que Dios instituye es el núcleo familiar con un hombre asignado como líder y proveedor y una mujer con el rol de ayuda idónea, amante de su marido y sus hijos, cuidadora de casa.

Para terminar quiero hacerle una exhortación a aquellas mujeres que invierten el orden establecido ocupándose más del cuidado de la iglesia sin importarles su asignación; no es correcto pensar que por cuidar la casa del Señor serán exoneradas de la responsabilidad primordial sin recibir ninguna amonestación.

En la primera iglesia que mi esposo y yo pastoreamos tuvimos que darnos a la tarea de realizar una labor intensa con algunas familias allí congregadas, ya que gran parte de las damas casadas tomaban parte de su tiempo de casa para estar en la iglesia, más que cuidar el orden, estas damas habían tomaron control sobre la administración y cuidado de la iglesia, llegaron a sentir que la iglesia también era su casa, compraban, vendían, cambiaban los utensilios, conseguían nuevos, llegaban al instituto bíblico, estaban en todos los servicios, de Lunes a Domingo estaban en el templo. Lo cierto es que esta conducta trajo la queja de los esposos de no ser atendidos, muchos de ellos inconversos, alegando que sus mujeres no cumplían con sus funciones en casa, nos relataban que en ocasiones llegaban de sus trabajos a comerse los alimentos fríos porque ellas debían ir al culto; los hijos no eran dirigidos en sus labores escolares; todo esto nos condujo a iniciar cambios en esta iglesia y enseñarles por la palabra a poner en orden las prioridades de toda esposa cristiana.

No desempeñar nuestro papel como esposas trae caos al hogar: con esposos descuidados, mal atendidos, hijos siendo educados e influenciados por personas hasta desconocidas, las casas desordenadas; estos son modelos errados que la sociedad aplaude, la liberación femenina motiva y que la iglesia debe corregir.

Las oportunidades de Dios no terminan para que cada esposa haga lo correcto, ejerciendo la asignación de ser una ayuda idónea en todo el sentido de la palabra, nunca podemos olvidar que quien nos entregó la asignación nos ayudará junto a su Palabra a ser efectivas en nuestra función, el nos codificó, el nos instruirá en la tarea.

Pero ahora en mis próximas líneas del capítulo cuatro quiero atacar una problemática que ha estancado a muchas esposas en su vida espiritual y emocional, conduciéndolas a ocupar el puesto equivocado, y llevando a muchos esposos a sentirse fracasados porque su potencial de líder es anulado. Mi próximo tema lo he titulado "Liberación a través de la sujeción", les invito a que sigan leyendo mis líneas.

Capítulo Cuatro

LIBERACIÓN A TRAVÉS DE LA SUJECIÓN

Las casadas estén sujetas a sus propios maridos, como al Señor; Efesios 5:22 (RVR 1960)

"No hay mujer que gobierne que sea feliz, ni hombre gobernado que esté satisfecho"; Esta frase es apropiada para comprender la profunda decepción que nace en la vida matrimonial cuando violamos el orden de funcionamiento que Dios ha establecido para las parejas, sabemos que existen muchas razones por las que llega el desencanto en las relaciones de casados, y en este capítulo me enfocaré en la responsabilidad de toda mujer casada de vivir bajo el principio de sujeción, asignación que no es fácil aceptar para muchas mujeres, sobre todo de carácter dominante; pero que trae beneficio y refrigerio al corazón, porque Dios lo ordena.

Cuando el Señor en su Palabra nos da una asignación y hace una demanda a nuestras vidas, tanto a hombres como a mujeres, no es precisamente para amargarnos la existencia, sino para beneficiarnos en todo el sentido de la palabra, de allí que entendemos que la obediencia en ocasiones no es fácil aceptarla, pero nos conviene, ya que el propósito de nuestro Dios es bendecirnos plenamente.

Así que si el Señor lo dice lo creemos y obedecemos para tener los mejores resultados en la mi vida personal, espiritual, matrimonial, familiar, financiera, porque si decimos que él es el Señor de nuestras vidas, el interviene en todas las áreas.

Para muchas mujeres no es fácil digerir la orden de sujeción de Dios y tener que mantenerse bajo la sombrilla de un hombre, y muchos hombres no comprenden la gran responsabilidad de no ceder su posición de liderazgo delegado.

Cuando estoy en conferencias con mujeres tocando este tema, muchas se sienten incomodas, otras manifiestan mantener una guerra en sus corazones por no querer aceptar el liderazgo de sus maridos y hasta se enojan porque se les toca esta enseñanza.

En una ocasión fue tal el rechazo del tema por parte de una asistente, que se levantó en medio de la charla para refutar lo que la Biblia dice, ella molesta expresó estas palabras: "Lo que pasa es que usted no tiene por esposo a alguien como el mío, tiene que conocerlo para que no diga más lo que enseña". Yo he aprendido a conocer la composición del sexo masculino, ya que tengo un ejemplar en casa y la biblia nos enseña como el creador los formó.

Así como en mis conferencias, quiero dejar en este capítulo y con este libro completo enseñanzas para dar directrices bíblicas que produzcan sanidad, fortaleza, esperanza y bendición a los matrimonios, aunque hayan líneas que sean como un jardín donde encontremos algunas rosas con espinas. Creo en la firmeza del poder de las palabras que también son medicina en un momento de enfermedad.

Algunas esposas al leer mis líneas tal vez quisieran tenerme cerca para decirme como se sienten, estando segura que muchos esposos también desean expresarse para decir lo que sienten sobre su relación conyugal, por tener esposas dominantes, queriendo ambos exponer la frustración oculta en sus corazones.

Muchas mujeres les gustaría en su impotencia decirme: "Usted no conoce a mi marido, el solo avanza por el impulso", "A mi esposo no le gusta tomar decisiones ", "Yo soy quien tengo que hacerle frente a cada situación en casa ", "Me frustra la idea que sea un líder, cuando no toma el control", "Le he perdido el respeto".

Tengo la claridad de que muchas esposas están frustradas, aún más aquellas de temperamentos dominantes como el colérico y sanguíneo, que se sienten decepcionadas en sus relaciones, por la respuesta tardía de un esposo en enfrentar los retos del hogar.

Están cansadas porque sienten que ellos no tienen el calibre para ejercer el liderazgo, sus comportamientos son lentos y pasivos al ritmo de una esposa de personalidad fuerte, lo que desestabiliza su equilibrio emocional, llevándolas a ocupar una posición que Dios no le ha delegado, creando grandes fisuras en la relación matrimonial, que en algunos casos desencadena en la separación y el divorcio.

la consideración de algunas de mis lectoras al fijar sus ojos en mis líneas donde de manera determinante defiendo la orden divina, es pensar que yo nunca he experimentado tal frustración y es por ello que puedo confrontar con la Biblia a las mujeres que les cuesta sujetarse; pero debo confesar la lucha que enfrenté en contra de la sujeción al liderazgo de mi esposo en mis primeros años de matrimonio; porque no comprendía ni aceptaba los órdenes divinos que hoy enseño.

Después de algunos años de frustración, peleas con mi marido, rebelión interna, desobediencia; el Espíritu Santo tuvo que amonestarme con el pecado de rebelión a la autoridad, porque sí, la falta de sujeción es un pecado. El Espíritu Santo me llevó por un recorrido de desintoxicación y arrepentimiento a través de la oración junto con las escrituras, proceso personalmente difícil, porque vengo de un hogar donde tomé el modelo de una madre dominante que fijó en mi corazón el rechazo al liderazgo masculino. Quiero decirle a mis lectores que es difícil, puede tardar algunos años de comprensión, pero Dios trabaja en la disposición, y yo no tenía ningún deseo de perder mi matrimonio, así que me vi en la obligación de decodificar mi manera de pensar, arrepentirme, pidiendo la ayuda al que instituyó la vida matrimonial en el Huerto del Edén con órdenes y funciones definidas para cada uno, en respuesta a la oración Dios liberó mi corazón.

Todos estos debates los tenía en mi corazón hasta que comprendí que si la Palabra de Dios ordena este principio de sujeción, funcionará en la relación. Personalmente todos estos cuadros de frustración, decepción, desanimo, los experimenté en mis primeros años de casados, pero Dios cambió mi visión; ahora disfruto de la liberación que produce estar sometida como esposa y me conforta saber que descanso en el liderazgo de mi esposo a pesar de sus imperfecciones, quien se ha convertido en un techo emocional y espiritual para mi familia. Hoy tengo la oportunidad de ayudar muchas mujeres en mis conferencias y escribo estas líneas para bendecir sus vidas, bendecir sus matrimonios, para que juntos y de acuerdo puedan disfrutar del pacto.

Mientras en los hogares se continúe usando roles y funciones erróneos, seguiremos teniendo crisis generacionales, ya que se les estarán dejando modelos anti bíblicos a los hijos, quienes adoptarán los aprendidos en casa para luego llevarlos a sus nuevas familias. Si se usa el modelo de Dios, se les dejará una buena herencia, porque los buenos modelos darán buenos resultados, los modelos distorsionados, multiplicarán familias distorsionadas.

La acción de obediencia a la sujeción no puede verse bajo ningún concepto como una práctica manipulada y falsa, sino debe aceptarse como un mandamiento como lo deja ver el Apóstol Pedro refiriéndose a la conducta de la esposa delante de su esposo diciendo: "Asimismo vosotras, mujeres, estad sujetas a vuestros maridos; para que también los que no creen a la palabra, sean ganados sin palabra por la conducta de sus esposas, considerando vuestra conducta casta y respetuosa. Vuestro atavío no sea el externo de peinados ostentosos, de adornos de oro o de vestidos lujosos, sino el interno, el del corazón, en el incorruptible ornato de un espíritu afable y apacible, que es de grande estima delante de Dios. Porque así también se ataviaban en otro tiempo aquellas santas mujeres que esperaban en Dios, estando sujetas a sus maridos; como Sara obedecía a Abraham, llamándole señor; de la cual vosotras habéis venido a ser hijas, si hacéis el bien, sin temer ninguna amenaza." 1Pedro 3: 1-6. El escritor quiere llevar nuestra visión de esposa más allá de rudimentos, huecas palabrerías, y poca práctica, aún con los esposos que no conocen al Señor y que deben ser también ganados con conducta más que con palabras, deponiendo a un segundo plano lo externo, la belleza y atención de lo material; que nuestra preocupación de agradar al marido vaya más allá de lo físico, que pueda nacer en lo profundo del corazón, reflejando un sometimiento con respeto y humildad.

Quiero dejarles a los lectores que tienen en sus manos este libro, algunas razones que producen el rompimiento del orden establecido por Dios para la vida conyugal, en este caso por causa de la resistencia de muchas mujeres de sujetarse al liderazgo de sus esposos.

1.- El desconocimiento es una razón de influencia:

La carencia de enseñanza en las escrituras abre paso a las crisis, ya que muchas veces las parejas quieren poner en orden sus hogares y obedecer, pero no saben cómo hacerlo, porque desconocen las sagradas escrituras.

Las esposas que tienen en su corazón el deseo de hacer las cosas correctamente y no tienen el conocimiento encontrarán una barrera para lograr el objetivo de ocupar la posición asignada.

2.- los modelos adoptados del hogar de crianza son una influencia:

.-Encontraremos esposas que fueron criadas con modelos distorsionados, influenciadas por madres controladoras y dominantes así con padres pasivos.

.- Hijas criadas solo por las madres o abuelas sin la influencia paterna, que son sobreprotegidas y alimentadas emocionalmente con caprichos, donde producto de la falta del padre pasan a ser el centro de atracción del hogar.

.- La esposa que tiene como conducta un alto concepto de sí misma, que se siente sobre evaluada ante su esposo, considerándolo por debajo de ella, tiende a utilizar como mecanismo el menosprecio. Si ha alcanzado algunos logros, tiene el don de la palabra, con posición de líder en el área laboral, o estudios profesionales o familia influyente, todos estos pudiesen ser recursos mal canalizados para desestimar el orden divino y resistirse a la sujeción a su marido.

La rebelión a la autoridad lleva a muchas esposas a pensar que sus esposos no merecen honor y respeto porque no ocupan la posición de liderazgo, considerando que se equivocaron en la escogencia del mismo. Están resentidas muchas veces con Dios porque el Señor no debió permitir este casamiento, siendo ellas quienes tomaron tal decisión por su libre albedrío.

En la desobediencia hay consecuencias

1.- Toda transgresión al orden divino trae resultados negativos, no hay excusas para ser desobedientes. De manera personal encuentro a muchas esposas con los cielos cerrados sobre sus vidas por la falta de sujeción a sus esposos; sus conductas cierran puertas en muchas áreas personales por la resistencia a respetar la autoridad que ellas mismas escogieron como conyugue.

2.- Las continuas peleas y reclamos al esposo por su papel como líder son el resultado del orgullo herido, donde la rebelión a la autoridad lastima su autoestima; provocando un comportamiento de ataque con palabras ofensivas y reacciones violentas, donde de la nada florecen peleas, discusiones, demandas injustas que van destruyendo la armonía en el hogar.

3.- Los esposos para evitar los conflictos responden de forma pasiva, cediendo sus posiciones de cabeza para frenar los choques, pero en la medida que va pasando el tiempo ellos se cansan, otros le dan replica a las peleas, algunos responden con acciones físicas, golpes, otros se van de casa. Lo cierto es que los hogares que deben ser un lugar de refugio a sus miembros se convierten en un campo de batalla, donde todos pasan a ser afectados.

4.- La esposa que no se sujeta y vive en contienda, la Biblia la describe con claridad y sencillez diciendo: "Mejor es morar en tierra desierta que con la mujer rencillosa e iracunda." Proverbios 21:19; otro pasaje dice: "Gotera continúa en tiempo de lluvia Y la mujer rencillosa, son semejantes; Pretender contenerla es como refrenar el viento, O sujetar el aceite en la mano derecha." Proverbios 27:15-16. La atmosfera permanente de rencillas, pleitos y contiendas en un hogar de desorden funcional, forma hijos desdichados, groseros, iracundos y rebeldes.

5.- Cuando la esposa no desempeña el papel que les corresponde como cuidadora de su casa como lo dice Tito en el capítulo 2 en las enseñanzas sobre la Sana Doctrina, siendo indiferentes a sus necesidades por causa del resentimiento, están deshonrando, desvalorizando, mutilando a su pareja, degradándola a lo más bajo, enviándole un mensaje con sus acciones, que refleja el poco valor que él tiene para ella.

6.- La rebelión detiene la bendición en un hogar gobernado por una esposa que manipula todo su entorno para tener control, ya que Dios no bendice lo que él no ordena. La manipulación a través de peleas, desprecios, humillaciones, producirá en el hombre aturdimiento emocional, que no le quedará otro recurso que ceder posición para conseguir la supuesta paz; donde el precio será perder la dignidad y posición de ser el líder.

7.- Encontramos el cuadro de aparente felicidad, ya que ella al tomar el control por él cederlo, muestra una supuesta satisfacción, donde el esposo estará resignado en supuesta paz, con los hijos modelando patrones que serán practicados cuando lleguen a la adultez y formen sus propias familias, dejando herencias que se convierten en maldiciones generacionales.

8.- Una consecuencia espiritual influyente en una mujer que no se sujeta a la autoridad de su esposo, es que será blanco de ataques por parte de Satanás, por no tener sobre ella techo espiritual, aunque esta ore, ayune y sea lectora de las escrituras. Cuando una mujer casada rechaza su cobertura, su cabeza, su líder, es vulnerable, centro fácil a los dardos de fuego del maligno; las puertas han sido abiertas para que el enemigo tome control, preparando ataques espirituales que afectarán su estado de ánimo, estabilidad emocional, donde hasta su salud física puede verse comprometida, sacándola de equilibrio, y llevándola a la desesperación, soledad, tristeza, culpabilidad, desencadenado depresión, por causa de su comportamiento, hundiéndola en la infelicidad.

9.- Los hijos son tan afectados por estas conductas que pueden llegar a desvirtuar no solo las funciones, aún más pudiesen llegar a perder la brújula sexual, como observamos hoy en una sociedad atormentada por los cambios, que a lo bueno le llaman malo y a lo malo bueno, donde la influencia del homosexualismo y lesbianismo no son otra cosa que la deformación de los patrones que Dios ordenó, al hombre y la mujer.

Estos hogares deformes levantan hijos deformes, llevándolos a tomar decisiones que pueden hasta comprometer la salvación de sus almas, por modelar patrones distantes de los correctos; ya que los padres han de ser la primera influencia de formación en sus vidas; lo que debe llevarnos a pensar en la gran responsabilidad que tenemos de imprimir en sus corazones el correcto modelo de Dios con el ejemplo.

10.-Una mujer que no se sujeta, donde quiera que vaya tendrá problemas para adaptarse a la autoridad masculina que sobre ella es impuesta, ya sea en su campo de trabajo, con su líder espiritual, su pastor, etc. ya que la llevará a cuestionar el desempeño de dicha autoridad, lo que en ocasiones la motiva a producir revueltas en contra de ellos.

11.- Las esposas fuera de su techo espiritual (esposo) aunque desempeñen funciones en la iglesia, no podrán servir a Dios con unción y efectividad, ya que Dios no respalda la desobediencia, aunque existan los mejores deseos en su obra, ya que están operando bajo un espíritu de rebelión.

Camino a la liberación

Cuando como esposa te enfocas en satisfacer sus necesidades (así como él las tuyas), colocando a un lado la posición egoísta de pensar que el esposo debe hacer las cosas solo como deseas, estarás renunciando al orgullo y podrás colocar el amor genuino e incondicional por encima de las diferencias. Amor expresado claramente por el Apóstol Pablo cuando decía: "El amor es sufrido, es benigno; el amor no tiene envidia, el amor no es jactancioso, no se envanece; no hace nada indebido, no busca lo suyo, no se irrita, no guarda rencor; no se goza de la injusticia, mas se goza de la verdad. Todo lo sufre, todo lo cree, todo lo espera, todo lo soporta." 1 Corintios 13:4-7, este amor expresado en este pasaje también se aplica a la vida matrimonial, no ha pasado de moda y hoy sigue vigente para practicar en nuestras relaciones.

Hemos hablado de la enfermedad, pero para concluir quiero dejarles la medicina que las ayudará a sanar para poder transitar por un camino de libertad que traerá regocijo, satisfacción no solo personal, sino matrimonial y familiar, que dejará una buena así como provechosa herencia a los regalos del cielo, los hijos, donde podrán disfrutar de una relación saludable con su cónyuge.

1.- Reconocimiento

El reconocimiento nos conduce al arrepentimiento. Enfrentarnos con la realidad de una conducta viciada es doloroso, a pocos les gusta reconocer y enmendar errores; muchas veces ni entendemos la razón de nuestras acciones como lo enseño en mi primer libro, pero cuando admitimos, reconocemos y queremos cambio, entonces damos el paso para encontrar salidas, siendo allí donde Dios se une a la intención del corazón para trabajar, produciendo los cambios que necesitamos.

2.- Arrepentimiento

La esposa piadosa y sabia entiende el valor tanto espiritual como moral de humillarse ante la presencia del Señor para alcanzar gracia y misericordia, sin su perdón está apartada de una comunión genuina con él, donde el arrepentimiento es el vehículo que recorta la distancia, para moldearnos, ser dóciles y sensibles a su voz.

3.- Obediencia

La bendición de Dios en los hogares es el resultado de la obediencia a su Palabra, donde el arrepentimiento da paso para traer luz al corazón de cada miembro para entender su voluntad, y juntamente con el Espíritu Santo guiarnos a toda verdad. Los deseos de la carne no querrán por si solos ceder terreno para obedecer lo establecido, pero no estamos solos, él ha prometido estar con nosotros para ayudarnos, asistirnos y danos la victoria. Si Dios lo dice lo creemos, obedecemos y somos bendecidos.

4.- Entregando la posición

Después de estos tres pasos: reconocimiento, arrepentimiento y obediencia decide entregar el control que usurpaste a tu líder, posesionándote ahora en el lugar delegado como esposa sumisa, ayuda idónea y cuidadora de casa; ayudándolo a él a desempeñar su posición con humildad, amor y respeto. Tu esposo dependerá de tu apoyo oportuno para él realizar el trabajo asignado, recuerda que todo esposo desea que su mujer lo edifique, respete, admire y atienda, estando claras que cumpliendo cada uno su rol dejarán los modelos correctos a los hijos e influenciaran a la sociedad que tanto lo necesita, donde los cielos estarán abiertos a su favor.

Cerrando este capítulo quiero invitarte a que pasemos al otro lado, con un tema que motive a todas las parejas a cuidar, vigilar y proteger sus relaciones matrimoniales, "juntos haciendo operación exterminio"; acompáñenme.

Capítulo Cinco

JUNTOS HACIENDO OPERACIÓN EXTERMINIO

"Cazadnos las zorras, las zorras pequeñas, que echan a perder las viñas; Porque nuestras viñas están en cierne." Cantares 2:15 (RVR 1960)

En este capítulo compartiré un tema que ayude a traer estabilidad a la vida de los matrimonios. Sabemos que las crisis tocan a nuestras puertas, pero no podemos negar que muchas de ellas entran a nuestros hogares por envolvernos en un diario vivir absorbente, exigente, demandante, donde en oportunidades por cubrir algunas áreas descuidamos otras. Son tales las exigencias en nuestra cotidianidad que pueden llegar a minar nuestras relaciones de pareja al punto de distanciarnos emocionalmente y en ocasiones llegar al divorcio.

En los más de treinta años que tenemos mi esposo y yo en el ministerio, trabajando con matrimonios y familias, hemos podido analizar que lo que produce ruptura en los matrimonios y familias no necesariamente son los acontecimientos grandes que puedan enfrentar, como la perdida de una casa, la muerte de un hijo, el diagnostico de enfermedades; sino son esos pequeños detalles los que sin percibirlos pero constantes, traen en el tiempo la decepción que conlleva a la ruptura, que sin discernir corrompen la comunicación, el tiempo, el amor, el respeto, la amistad, convirtiéndose en zorras pequeñas que se comen los votos matrimoniales.

Cantar de los Cantares es un libro referente a la tipología en cuanto a la relación entre Cristo y su iglesia, la intimidad del Señor con su amada; así lo hemos aprendido a través de muchas enseñanzas; pero no podemos pasar por alto la representación literal del amor entre un hombre y una mujer, la pasión del Rey Salomón y la hermosa morena llamada la Sulamita.

Como ministerio de parejas me gustaría que todos los matrimonios pudiesen leer esta literatura poética que encierra pasión y romance, con las expresiones más profunda de amor entre dos personas que se aman y desean. Estoy segura que enriquecería en gran manera sus relaciones.

Revisando este poema, encontré un detalle que pone sobre aviso a esta pareja y nos puede ayudar hoy a proteger nuestros lazos de unidad para no apagar la llama del amor. El verso cita así: "Paloma mía, que estás en los agujeros de la peña, en lo escondido de escarpados parajes, Muéstrame tu rostro, hazme oír tu voz; Porque dulce es la voz tuya, y hermoso tu aspecto. Cazadnos las zorras, las zorras pequeñas, que echan a perder las viñas; Porque nuestras viñas están en cierne." Cantares 2:15. En otras palabras, lo que el escritor desea referirnos sobre los protagonistas del relato de esta historia de amor, es la intención que ambos tenían de darle permanencia a su relación, por lo que necesitaban estar al cuidado de eliminar a los invasores que pudiesen interrumpir su compromiso y llegasen a destruir lo que estaban sembrando.

La representación en este poema me llevó a compararlo con la vida en el matrimonio, donde cultivamos amor, respeto, tolerancia, unidad, pero que en el recorrido encontraremos a nuestros propios invasores que sin percibirlo socaban la paz, seguridad, tranquilidad, armonía y estabilidad; comiéndose las bases del amor que un día con tanto anhelo prometimos en el altar: "Hasta que la muerte nos separe", lo cual es el plan de Dios; pero que algunos dirían tal vez hoy: "Hasta que las zorras pequeñas nos separen"; no es chiste, es una cruel realidad que muchas parejas en nuestra sociedad y vida eclesiástica están viviendo.

Recuerdo que hace muchos años descubrimos en una casa en la que vivíamos que había sido invadida por las termitas, estos son un grupo de insectos sociales que viven en colonias y construyen nidos, estos animalitos se alimentan de celulosas que contiene la madera comiéndosela al punto de destruirla. Esto quisieron hacer las termitas con nuestra casa, instalaron una colonia subterránea y se alimentaban de nuestro hogar; lo cierto es que tuvimos que llamar a los expertos en la materia para poder erradicar estos imperceptibles animalitos y como alguien dijo: "El que sabe del tema que arregle el problema". Al ser contratados, los profesionales en erradicar las colonias de termitas llegaron a mi casa para realizar el procedimiento y eliminarlas, lo que evitó que nuestra casa fuese destruida.

Mi esposo y yo percibimos con esta experiencia que lo mismo acontece en las relaciones de pareja, que tienen alojados en sus hogares intrusos destructores que se alimentan de sus convivencias y por no detectarlos se comen los votos que un día juraron.

Le podemos llamar zorras pequeñas, como en el caso de Cantares o los insectos sociales, llamadas termitas como en mi caso personal, cualquiera de las dos se proponen hacer daño; intencionalmente invaden para destruir y comer; lo cierto es que las podemos tener en nuestras viñas, en nuestras casas, en la vida marital y no darnos cuenta del daño que están causando. Nuestros matrimonios necesitan ser protegidos, somos responsables de cuidarlos, para que estos enemigos imperceptibles no se coman nuestros frutos.

A través de estas líneas deseo que podamos detectar algunos asaltantes de la armonía y la estabilidad a la luz de las escrituras para realizar operación exterminio. Les invito a que inspeccionemos a la luz de la Biblia algunas zorras o termitas comunes que llegan a nuestras casas para alimentarse comiéndose nuestro pacto.

Estudiando el Libro que el Apóstol Pablo le escribe a la iglesia en Éfeso, he podido encontrar grandes riquezas para la vida matrimonial y familiar, son tesoros extraordinarios que nos ayudan a darle fundamento a la relación, de allí he podido extraer muchos principios que los he utilizado en mi vida personal y en nuestro ministerio a través de los años, yo les llamo tesoros escondidos que revalorizan el pacto y nos enriquecen.

En el capítulo cinco a partir del verso quince, encontraremos algunos invasores que necesitamos sacar a la luz para erradicarlos. A continuación comenzaremos a descubrirlos.

La confusión

"Mirad, pues, con diligencia cómo andéis, no como necios sino como sabios..." Efesios 5:15

El Apóstol inspirado por el Espíritu santo, nos hace una advertencia importante en nuestra vida como cristianos, extensiva a la vida matrimonial. Cuando revisamos el contexto en el que están escritas estas palabras, observaremos que se encuentran en la antesala del modelo en el que debe estar fundamentado la familia, iniciando en el verso veintiuno en adelante y llegando al capítulo seis, dejando establecido el orden para matrimonios y familia.

Este verso quince nos hace el llamado de atención para que tengamos la capacidad, prontitud, cuidado, diligencia para manejar y sostener nuestras vidas espirituales y en este caso nuestras relaciones de pareja.

La confusión no es otra cosa que la carencia de orden o claridad cuando hay muchas voces involucradas en el matrimonio. La confusión es un invasor que conduce a los matrimonios al error y equivocación, que se roba las decisiones de Dios en las relaciones conyugales a causa de tomar por correctas las insinuaciones de sus malos consejos.

La recomendación a mis lectores hoy así como el Apóstol Pablo, es que miren como andan, supervisen como caminan, como toman sus decisiones; revisen como parejas cristianas cuales son las fuentes que enriquecen su pacto. la exhortación es que anden como gente que opera en la sabiduría de Dios y no en la terrenal y diabólica como afirma Santiago.

No he visto un tiempo de mayor confusión como el que estamos viviendo actualmente. Esta termita o zorra como quieran llamarla, se aloja en los pensamientos y corazones de las parejas para traer desorientación en los fundamentos que le dan solidez a su relación. Se convierten en inyectores de malas decisiones; es un sistema de valores anticristiano producido por la influencia de los medios de comunicación social, malas conversaciones, y malas amistades.

Cuando nuestras casas se ven invadidas por los ejemplos inmorales a través de los medios antes expuestos, estos entran a interceptar los fundamentos bíblicos aprendidos que son bases de nuestra estabilidad; de allí la determinante aceptación de la amonestación de Pablo, "Mirad con diligencia como andéis...". Que debemos mirar para entender la amonestación; bueno necesitamos revisar en primer lugar quienes son nuestras amistades y cuál es la influencia que estas tienen sobre nuestro matrimonio; para ello es saludable como dice el escritor revisar cuanta sabiduría alimentan, aportan a la pareja; simplemente pudiésemos hacer algunas preguntas como las siguientes que nos ayuden a visualizar: ¿ellos verdaderamente caminan en los mismos principios que nosotros transitamos?; ¿Analizamos cual es el grado de influencia de su amistad en las decisiones que como pareja tomamos?; ¿Cuando nos reunimos, las conversaciones nos dejan duda en cuanto a lo que creemos?; al hacerlo nos ayudará a discernir la influencia de terceros y amistades que enriquecen o dañan la relación.

En una sociedad confundida de la cual somos parte, pero sin militancia en sus creencias, debemos ser selectivos en cuanto a lo que oímos, para que el aturdimiento social no cruce nuestras vallas de protección.

Cuando prestamos oído al mundo exterior desorientado que nos rodea, podemos llegar a ser blanco de ataques de forma imperceptible, como nos sucedió en casa con las termitas; son los mensajes inmorales, anti valores externos diarios que influencian los estilos de vida de los matrimonios cristianos, estos socavan la permanencia, conduciéndolos a decisiones desastrosas.

Mal uso del tiempo

"aprovechando bien el tiempo, porque los días son malos". Efesios 5:16

Pablo hace referencia de dos palabras que considero son importantes de destacar, que son la palabra bien y la palabra malos; él pudo mencionar solo "aprovechando el tiempo", pero quería ir un poco más allá y es que entendiéramos que lo que a veces parece que es un buen aprovechamiento de las horas que el Señor nos regala; es tiempo desperdiciado, donde no medimos entre lo importante y lo urgente, entre lo que tiene el primado y lo secundario, en otras palabras usamos mal el tiempo cuando no establecemos con claridad el orden de importancia de cada área en el matrimonio.

El mal uso del tiempo no solo aparece en la relación como un ladrón, se convierte para muchas parejas en un asesino de sus convivencias, todo por hacer correr las horas, días y años de una manera desordenada, sin prioridades, quitándoles valor a lo de mas prioridad y robando tiempo a los ingredientes que sazonan la vida en pareja.

Hoy muchos matrimonios son asaltados por el distanciamiento y la falta de comunicación, sencillamente porque sus horarios no coinciden para alimentarse y alimentar a sus seres amados emocionalmente, simplemente porque lo primero va después.

Cuando revisamos las escrituras encontramos orden en todas las áreas de la vida de un individuo, entre ellas está el orden en el tiempo, si recordamos a Moisés clamando en oración decía: "Enséñanos de tal modo a contar nuestros días, que traigamos al corazón sabiduría" (Salmo 90:12); estaba pidiendo sabiduría para lograr saber manejar el regalo de la vida en tiempo. Cuando entendemos que la vida es corta y que debe ser aprovechada al máximo, comenzamos a poner cada cosa en su lugar.

Cada día es un regalo para los matrimonios, donde esas 24 horas cuando son bien administradas llegarán a ser fructíferas para alimentar la relación de ambos.

Ordenar el tiempo ayudará a los matrimonios a aprovecharlo, entendiendo que el primado lo tiene Dios, el autor del matrimonio y quien tiene los planos para su bendición, seguido esta la importancia de aprovechar el tiempo a nivel familiar, este juga un papel fundamental en la solidez de las relaciones con el conyugue y aún con los hijos.

La segunda palabra que Pablo refiere es "malos", no sé si usted lo percibe pero tenía razón, estos días son malos. Vivimos en un sistema alienante, que nos manipula, donde el enfoque es estar ocupados, ocupados, ocupados; este sistema manipulador nos hace pensar, que si no estamos ocupados 24/7 no somos alguien, siendo muchos los matrimonios que enfocan su tiempo en metas que no influencian ni espiritual ni emocionalmente la vida en pareja ni al resto de los integrantes de la familia; desgastándose en ocasiones ambos a tiempo y fuera de tiempo en los campos de trabajo, donde muchos conyugues no coinciden en sus horarios para alimentar sus relaciones.

Existen parejas que no disfrutan por el mal uso del tiempo, esposas que no pueden cuidar a sus esposos e hijos por estar en un trabajo, niños en cuidados por guarderías; esposos que se alinean al pensamiento que les dice que el trabajo es lo primero, lo segundo y lo tercero; nunca hay tiempo de reunión familiar, no comen juntos, sin tiempo de esparcimiento, de comunicación, de convivencia; simplemente porque en estos días malos el sistema nos influencia para que le quitemos al matrimonio y la familia el lugar que le corresponde, ya que nos dicen que tenemos que trabajar más, para ganar más, para gastar más; mientras las parejas se siguen separando y los hogares destruyendo por el mal uso del tiempo.

Insensatez

"Por tanto, no seáis insensatos, sino entendidos de cuál sea la voluntad del Señor" Efesios 5:17

La insensatez es el tercer invasor de nuestras viñas, ella no es fácil de identificar, ya que es silenciosa y se aloja en el corazón de los conyugues, generando una conducta irresponsable en su relación. Cada uno se centra en su propio interés, donde generalmente no hay tema de conversación relevante como pareja, llevándolos a transitar por caminos diferentes.

El esposo o esposa que adopta este comportamiento se convierte en una persona insensible, sin sentimiento, irreflexivo, para resumir es una persona necia carente de sabiduría y prudencia para manejar su casa, que gravita en una órbita donde lo único que tiene importancia son sus propias necesidades. En ocasiones es carente de buena comunicación, no resuelve los problemas cotidianos, no le gusta enfrentar las crisis, creando una atmosfera de frustración e insatisfacción en la otra persona.

Muchas de las crisis que manejamos en consejería se debe a que esta zorra o termita de la insensatez, usted defínala como le guste, está alojada para destruir la relación desvalorizando la perseverancia que ambos deben tener para darle un afectivo funcionamiento al hogar.

Los matrimonios diariamente tienen la responsabilidad de dar su aporte para la construcción de relaciones solidas; es un día a día para levantar bases, donde debemos saber que nos encontraremos obstáculos, crisis, tentaciones, escases, un sin número de dificultades; pero que tenemos la responsabilidad de poner a un lado la indiferencia y renunciar a la idea de pensar de forma egoísta e individual, para derribar los obstáculos e impedimentos del recorrido y poder llegar a la meta final.

Terquedad

"Someteos unos a otros en el temor de Dios". Efesios 5:17

Este será mi último invasor, el cual es fuerte, tenaz, obstinado, testarudo, contumaz, insolente, que se resiste a doblegarse por amor a la relación. Cuando uno de los conyugue manifiesta esta conducta, envía un mensaje al otro de querer mantener la posición firme de no dar su brazo a torcer en la idea o acción que tiene en su corazón, negándose a dar explicaciones claras o manifestar la razón de su resistencia.

Verdaderamente todos los invasores anteriores son muy peligrosos para la estabilidad de la relación, pero creo que esta produce mucha destrucción, porque rompe con la comunicación, apaga el amor, crea decepción. Es tan dañina que ha conducido a muchos matrimonios a sentirse como extraños que duermen en la misma cama y solo tienen en común la misma dirección de la casa, lo demás está conformado por una gran diferencia que genera distanciamiento.

La termita de la terquedad se compone de algunos ingredientes como el orgullo, la intolerancia y altivez de espíritu, donde el alma no participa de los momentos de acercamiento, sino que levanta murallas emocionales que desencadenan gran desilusión, creo que nadie quiere vivir con un conyugue con tal comportamiento.

El Apóstol nos está exhortando que aunque el Señor nos haya formado diferentes y nos ha dado funciones diferentes, debemos someternos unos a otros bajo la cobertura del temor a Dios. El temor a él y su palabra debe llevar a las parejas a trabajar sus conductas viciosas y entender que en la unidad se crea un equipo indestructible, ya que en una relación matrimonial no hay uno más fuerte, ni superior al otro; sino que lo que nos sostiene es el amor, la unidad, el respeto, la tolerancia, la afinidad y empatía.

Este capítulo puede ayudar a los matrimonios a percibir cual es el invasor que se está comiendo sus votos matrimoniales, después de detectarlos entonces puedan realizar la tarea de hacer operación exterminio con la dirección del Espíritu Santo y a la luz de su santa palabra.

Me gusta la vivencia como matrimonio cristiano, porque Dios siempre está en la disposición de asistirnos para enfrentar nuestros enemigos y darnos la victoria. Lo mejor de todo es que a pesar de las dificultades podemos encontrar soluciones en el experto en milagros y salidas.

Les insto a tomar tiempo como pareja para revisar juntos y de acuerdo cuales pueden ser las zorras o termitas que se están alimentando de su relación, que está debilitando la convivencia, comiéndose el compromiso del pacto.

Ahora les invito a una nueva entrega en mi próximo capítulo seis, donde compartiré la importancia de resolver conflictos juntos con respeto y sabiduría, tema que he titulado "Sin guantes de boxeo". Los invito a que sigan revisando mis nuevas líneas.

Capítulo Seis

SIN GUANTES DE BOXEO

"Sean humildes y amables; tengan paciencia y soportense unos a otros con amor; procuren mantener la unidad que proviene del Espíritu Santo, por medio de la paz que une a todos. Efesios 4:2-3 (DHH)

Cada día nos vemos enfrentados a grandes retos, lo maravilloso como hijos de Dios es que tenemos la promesa de que él estará con nosotros todos los días hasta el fin como prometen las escrituras, quien definitivamente es el que nos sustenta dando las fuerzas y sabiduría para poder manejar cada uno de esos retos que enfrentamos.

En este capítulo quiero aportar principios que les ayuden a resolver los conflictos de pareja juntos, con el fin de enfrentarlos para poder llegar a acuerdos que los unan, no que los distancien, conflictos que si no se atacan con respeto y sabiduría pueden levantar barreras de distanciamiento, producir resentimiento en los corazones y desilusión, que tienen que ver con la forma de manejarlos; expresados en momentos de diferencias y discusión incorrectamente, debido a conductas viciadas de alguno de los conyugues, que necesitan ser trabajadas por Dios, como la transparencia, la ira y las malas palabras, que al reconocerlas y desecharlas producen aportes saludable en la convivencia a la hora de enfrentarlas para adecuadamente resolver las crisis.

Aunque no queramos y podamos desear evitarlos, los conflictos son parte de nuestras vidas; todos como individuos en el transitar diario nos enfrentamos a ellos y gran parte de estos se producen dentro del vinculo familiar, mayor aún dentro de la relación de esposos.

Quien pudiese decir que no ha tenido peleas y discusiones en su relación marital, hasta ahora no he podido encontrar a parejas libres de diferencias y pleitos, en un caso tendrían que ser mudos o vivirían en casas separadas. Estas crisis no están distantes de nuestro trayecto vivencial, por lo que necesitamos instrumentos que podamos usar efectivamente que nos aporten el medio para resolverlos y conservar la relación.

Se imaginan lo que sucedería si cada conflicto que llegue al matrimonio se va almacenando; es como si llegase el cartero a entregar diariamente las facturas y al recibirlas se engavetan decidiendo nunca pagarlas; estoy segura que se convertiría en un desastre. Así que todos los conflictos que llegan a nuestros matrimonios somos responsables de juntos y de acuerdo ponerlos sobre la mesa, abrirlos, revisarlos, enfrentarlos y resolverlos.

Por existir un componente de diversidad en la unión matrimonial, donde pensamos, razonamos y actuamos diferente, esto nos llevan a tener un enfoque distinto para la solución de situaciones ya sean cotidianas o inesperadas, lo que puede llegar a desencadenar choques y peleas que al no saberlas manejar van dejando una sensación amarga en el corazón de los conyugues, por causa de palabras, acciones, humillación, por parte de ambos o alguno de los integrantes.

Ella dice: "Todo nuestro dinero debe ir a una sola cuenta", él dice: "Yo quiero tener mi dinero aparte", Ella opina: "tengamos juntos una sola red social", el expresa: "Yo quiero manejar mis redes sociales solo", ella afirma: "Nunca colabora en casa", y él: "siempre me avergüenza en público". Son tantos los años de consejería, que estas expresiones me son muy comunes por pasar horas de asesoramiento con parejas en conflictos, a veces profundos otras veces irrelevantes, pero que socavan la armonía y estabilidad; no sé si a algunos de mis lectores le es familiar, pero las grietas crecen en el corazón de ambos por no saber utilizar los códigos de ética que ayudan a solventar las diferencias que les separan.

Son visiones tan diferentes que encuentro; en el casos de sexo masculino les cuesta decir: "Lo siento", "Me equivoqué"; esto debido a la forma lógica de pensar de los hombres, en su sistema de pensamientos estas palabras son irrelevantes aún siendo cristianos, porque piensan que después de una discusión y levantada la molestia no es necesario pedir perdón, para ellos se superó la crisis, se acabó el problema, no ha pasado nada, así de sencillo; a esto hay que sumarle el arraigo cultural que en ocasiones tiene más poder que los principios bíblicos, aún más profundo cuando se alimenta el concepto de que el hombre es quien manda y la mujer se calla. Para muchos ceder a las disculpas es sinónimo de humillación o perder el respeto delante de su pareja.

A diferencia del varón, a la mujer le es más fácil pedir perdón, aunque algunas al ver tanta indiferencia se resienten y van almacenando el recuerdo de las acciones en su corazón, almacenamiento que se convierte en una olla de presión; que al no encontrar una vía de escape explotará expresando de forma incorrecta su insatisfacción y herida.

Es por esto que quiero dejarles un aporte con la ayuda de las escrituras para mantener la sana convivencia. Ningún matrimonio desea vivir hundido en una constante pelea; ellas dejan depositado en el interior una sensación de culpa, resentimiento, frustración, amargura, todo por no llegar a soluciones efectivas.

Les decía en otro capítulo que el libro a la iglesia en Éfeso contiene tesoros en sus escritos que aportan grandes riquezas para nuestra vida matrimonial. En las próximas líneas revisaremos algunos principios edificantes que nos ayudarán a manejar nuestras convivencias y peleas sin necesidad de usar guantes de boxeo.

En el capítulo 4, Pablo hace referencia a la nueva vida que debemos tener y practicar ahora que estamos en Cristo Jesús; yo deseo dejarles principios desde solo algunos versículos de esta plataforma escritural, para extender el estilo de vida expuesto en este capítulo a la relación conyugal, relación donde verdaderamente somos probados y que demostramos con transparencia cuan espiritual es la manera de conducirnos. Solo utilizaré algunos versos del mismo en mis próximas líneas.

1.- desnúdense emocionalmente

"Por eso, ya no deben mentirse los unos a los otros. Todos nosotros somos miembros de un mismo cuerpo, así que digan siempre la verdad." Efesios 4:25 (TLA)

"Por lo cual, desechando la mentira, hablad verdad cada uno con su prójimo; porque somos miembros los unos de los otros." Efesios 4:25 (RVR 1960)

Muchas parejas tienen temor de abrir sus corazones y ser honestos, donde muchas piensan que su conyugue no necesita conocer todo acerca de su vida pasada, ni aún muchas de las cosas que viven dentro de la relación conyugal, haciendo algo así como borrón y cuenta nueva, pero que al trascurrir el tiempo historias ocultas que salen a la luz desencadenan desastrosos resultados por no tener la disposición de ser abiertos, confiados y transparentes.

En tiempo de consejería como ministerio mi esposo y yo hemos conversado con hombres y mujeres por separado que temen expresarse, les cuesta hablar con la verdad a su conyugue; aunque el acontecimiento en sus vidas haya tenido una connotación irrelevante en su relación lo mantienen oculto por no practicar el principio de transparencia, para otros tratar de sacar a la luz las mentiras pasadas o presentes de sus corazones les produce pánico, prefiriendo atesorarla por el resto de sus vidas, aunque sean agobiados en su interior por lo oculto.

Cuán importante es para los matrimonios hablar y vivir en verdad; es vital que ambos construyan su relación desnudos emocionalmente. Se espera que cada conyugue entienda claramente sus motivaciones, intenciones y objetivos en la relación y así mismo lo demuestre a su pareja, para que esta entienda igualmente las motivaciones, intenciones y objetivos que les unen, sin nada que esconder, de allí la necesidad de un sano noviazgo, esta etapa de conocimiento y aceptación que construye bases de sinceridad.

La trasparencia o desnudez es una carta de que somos hijos de Dios; demuestra que no vivimos como algunos dichos: "con cartas debajo de la manga" como los magos; sino que somos creyentes piadosos que desnudamos el corazón para ser sinceros y traer sanidad, estabilidad y armonía a la relación.

Cuando revisamos la expresión en el libro de los comienzos que dice: "Y estaban ambos desnudos, Adán y su mujer, y no se avergonzaban". Génesis 2:25, podemos extraer de este verso que no solo refiere la desnudez física con la que fueron colocados en el huerto; personalmente considero que va más allá de recrear el estar sin ropas Adán y Eva en un estado de inocencia, donde luego el pecado de lo oculto los llevó a esconderse en las hojas de higuera haciéndose delantales.

la presentación de "ambos desnudos" la podemos extender a una convivencia emocional donde el corazón estaba sincronizado el uno con él otros, sus corazones estaban desnudos. No tenían ninguna vestimenta física ni creo que tenían un baúl de emociones oculto lleno de mentiras, de ser lo contrario Dios no condenaría la falsedad y la mentira, Pablo nos exhorta: "desechando la mentira, hablad verdad".

El problema se inició después de la caída del hombre cuando por la desobediencia entró el pecado. En el capítulo 3 dice: "Entonces fueron abiertos los ojos de ambos, y conocieron que estaban desnudos; entonces cosieron hojas de higuera, y se hicieron delantales." Génesis 3:7; Adán y Eva quisieron ocultar su transgresión, es exactamente lo que produce el pecado que intimida, al punto de preferir mentir que ser honestos, tener cosas ocultas que expresarlas, es mas fácil las hojas de higuera, llámelas fachadas, caretas, apariencias, que mantener un corazón limpio, puro, abierto, sano delante de Dios y del conyugue.

Lo oculto y aún más pecaminoso introduce mucho más que la modestia como Adán y Eva que se vieron al descubierto y se taparon; lo oculto trae engaños, manipulación, distorsión, mentiras, trampas, verdades a medias, que motivan a usar cualquier vía de escape menos la transparencia. Si deseamos tener matrimonios perdurables, necesitamos aplicar el principio de transparencia en nuestras relaciones maritales.

El apóstol es claro en su exhortación diciendo "desechen la mentira", dejen, lo inútil, lo incomodo, lo molesto que trae tropiezo, separación, ruptura, inseguridad; en la que se pierde el respeto y la confianza. Si las parejas pudiesen entender el daño que hace la mentira pasada o presente se esforzarían en mantener sus corazones libres de falsedad.

Al momento de tener que enfrentar una crisis, las parejas deben poner todas las carta sobre la mesa, con los corazones dispuestos, uno para decir verdad y el otro para asimilar lo recibido, jugando limpiamente, haciendo los planteamientos claros, sin tapujos, con la madurez que amerita la resolución de conflictos, al final el propósito no es ni quien es más fuerte, ni quien gane, el fin es que todos ganen, y en casa se los van a agradecer.

Detengan el furor

"Si se enojan, no permitan que eso los haga pecar. El enojo no debe durarles todo el día, ni deben darle al diablo oportunidad de tentarlos". Efesios 4:26-27 (TLA)

"Airaos, pero no pequéis; no se ponga el sol sobre vuestro enojo, ni deis lugar al diablo". Efesios 4:26-27 (RVR 1960)

En la ira Satanás siempre toma ventajas, es tan dañina en las relaciones de parejas que en un acto descontrolado por una de las partes puede llevar al otro conyugue a sentirse humillado, resentido, amargado silenciosamente y puede ser motivado a tomar venganza por el enojo del otro, dejando daños emocionales o maltrato físico.

La ira se convierte en la conjunción de sentimientos negativos que generan enfado, indignación, irritación, furor, desagrado, coraje y molestia, ligada a la frustración o choque emocional, que al no ser correctamente manejada puede generar un combustible inflamable ante la imposibilidad de resolver una situación o conflicto.

Pablo nos refiere que podemos airarnos, ya que la ira no siempre es pecado. Esta es un medio en las emociones dado por Dios que aporta asistencia para resolver conflictos. La escritura nos habla de historias donde hombres santos se airaron, inclusive vemos a Jesús que vació el templo de cambistas y vendedores de animales donde él mostró ira (Mateo 21:12-13; Marcos 11:15-18; Juan 2:13-22). Es un mecanismo de drenaje emocional; pero se convierte en pecado cuando su motor es el egoísmo y el propósito no aporta beneficio a la relación, que desencadena crisis en el airado y el receptor.

El mandato no es evitar la ira reprimiéndola o pasándola por alto, sino manejarla apropiadamente, en el momento más adecuado, con los recursos de expresión menos humillantes y agresivos para el que enfrenta al iracundo.

Esta emoción se vuelve peligrosa y pecaminosa cuando no estamos dispuestos a bajar el nivel que desencadena en rencor almacenado en el corazón; aumentando la frecuencia de molestia sin relación con el problema real que la origina.

Recuerden que Pablo en su exposición del capítulo cuatro nos habla de la nueva vida en Cristo a partir del verso diecisiete, que nos modela el nuevo estilo en el que debemos andar de acuerdo a la Biblia y con la ayuda del Espíritu Santo, eso incluye a las personas que tienen la mecha corta, que son movidos con sentimientos de enfado muy grandes, dominados por la indignación y el furor.

"El enojo no debe durarles todo el día", "No se ponga el sol sobre la ira", en otras palabras no se vayan a dormir sin resolver el conflicto, que no llegue la noche y amanezca un nuevo día siguiendo enemistados y malhumorados.

Cuando la ira se almacena por varios días, ella se convierte en arma fácil de Satanás, la utiliza para incitar al pleito y la contienda, sacando a muchas personas fuera de control, donde pierden el dominio sobre su propio carácter, al punto de ser títeres manejados por esta conducta; se convierten en individuos explosivos, que se irritan por cualquier cosa, y les cuesta manejar las diferencias de forma pacífica y educada.

Los conflictos no se resuelven solos, tenemos que aprender enfrentarlos y darles la mejor solución posible, pero tomemos la recomendación, no dejemos almacenado el enojo hasta el nuevo amanecer y recuerde que la blanda respuesta aplaca la ira. Así que ambos en la pareja somos responsables a buscar los medios más adecuados para la sanidad conyugal.

Si alguno de los conyugues entiende que tiene problemas serios con la ira debe sincerarse consigo mismo acerca de la problemática que está presentando con tal conducta y buscar manejarla a la luz de las escrituras y la ayuda de Dios, ya que la misma levanta barreras que se convierten en ataduras imperceptibles que rompen su comunión espiritual así como la unidad matrimonial. Los actos explosivos constantes se convierten en pecado, que deben ser llevados a la cruz para ser perdonado y restituido. La ira explosiva manejada incorrectamente es pecado.

"Mejor es el que tarda en airarse que el fuerte;
Y el que se enseñorea de su espíritu, que el que toma
una ciudad." Proverbios 16:32 (RVR 1960)

No disparen proyectiles verbales

"Eviten toda conversación obscena. Por el contrario, que sus palabras contribuyan a la necesaria edificación y sean de bendición para quienes escuchan." Efesios 4:29 (NVI)

"Ninguna palabra corrompida salga de vuestra boca, sino la que sea buena para la necesaria edificación, a fin de dar gracia a los oyentes." Efesios 4:29(RVR 1960)

Desde pequeña aprendí que las palabras corrompidas eran las que tenían un contenido grosero y vulgar, palabras prohibidas por su alto contenido indecoroso e indecente; pero cuando vemos las definiciones culturales de las groserías, estas pueden ser vulgares para una región y no tener ningún significado sucio para otra; su contenido grosero estará determinado por los conceptos culturales que se tengan.

La expresión de Pablo: "Palabra corrompida" me llevó a profundizar y observar que no son lo palabras obscenas que definen el nombre de algo; son proyectiles que transportan los sentimientos más escondidos en lo profundo de un corazón, dirigidos al otro corazón, para invadir, penetrar y dar en el blanco con el fin de inhabilitar al contendor o enemigo, esas son las palabras corrompidas que salen por la boca.

No solo las acciones que afectan y dañan una relación de pareja, también lo hacen las palabras corrompidas. Estas pueden producir un efecto negativo en el corazón de un conyugue, tanto como una mano en la mejilla.

Para muchos hombres y mujeres en una relación acosadora con palabras corrompidas, se pueden sentir tan humillados en su estima por causa de los proyectiles verbales, que atacan su estima e identidad produciendo profundas grietas internas que pueden llegar a desestabilizar el equilibrio emocional.

Muchas parejas debido a la gran influencia de este comportamiento por parte de la persona con quién comparten su vida y su privacidad, llegan a pensar que no valen nada como personas, llegando a sus pensamientos la sensación de estarse volviendo locas.

Estos proyectiles se convierten en un arma poderosa para Satanás a través de los labios del conyugue, que puede lograr sus objetivos desestabilizadores en la integridad de la personalidad del afectado, con baja autoestima, culpabilidad, sentimientos de rechazo, así como depresión, optando por verse en un cuadro de poco valor como individuo y algunos llegan a pensar en el suicidio a causa de la asechanza.

El mismo Apóstol nos hace una referencia de lo que deben de ser nuestras palabras diciendo: "Sea vuestra palabra siempre con gracia, sazonada con sal, para que sepáis cómo debéis responder a cada uno." Colosenses 4:6.

Procuremos cuando estemos molestos darle tiempo al reposo y la quietud para buscar el mejor momento con las mejores palabras para plantear los problemas, conflictos, diferencias; procurando la paz que nos conducirá a la estabilidad en la vida matrimonial.

El Apóstol Pedro refiere en su carta diciendo: "Porque: El que quiere amar la vida Y ver días buenos, Refrene su lengua de mal, Y sus labios no hablen engaño; Apártese del mal, y haga el bien; Busque la paz, y sígala." 1 Pedro 3:10-11. Cuando los matrimonios llegan al altar están pensando en su felicidad, en días plenos de dicha, de disfrutar los años juntos; si se tuviese un cuadro de los conflictos del futuro, tal vez muchos nos se casarían; en ese momento de la boda anhelamos vivir y compartir la vida con el ser deseado; todos amamos la vida y ver días buenos.

Pedro nos amonesta pidiéndonos que revisemos lo que queremos y que hagamos los que nos corresponde para tener resultados efectivos. Si deseamos amar la vida con días buenos, entonces estamos obligados a controlar la lengua, cuidar lo que se habla, estar lejos de lo malo, y actuar de buena voluntad; deseos y acciones que necesitan ser trasladadas a la vida de pareja.

No seamos los responsables de corromper el corazón de nuestro conyugue. Si sabemos que las palabras van a herir, entonces antes de disparar las medimos, como no edifican las eliminamos de nuestros discursos; Asi estaremos tomando la firme decisión de hacer bien a la relación, estaremos buscando la paz, y caminaremos como pareja en ella.

La paz no es un recurso que llega por correo, el cartero no la traerá a tu buzón, ni la recibirás por Amazon Prime, ni se compra en el supermercado de la esquina; la paz hay que anhelarla, buscarla, trabajarla, aplicarla y seguirla. Cuando la paz reina en los corazones de los matrimonios, los hogares tendrán ausencia de guerra, y no se usarán proyectiles verbales, que corrompen las vidas y destruyen los hogares.

Deseo terminar este capítulo motivando a los matrimonios a aplicar las instrucciones que hemos revisado del capítulo cuatro del libro escrito a la iglesia en Éfeso, que la nueva vida en Cristo de la que Pablo habla pueda ser demostrada en cada pareja, que la practicidad del evangelio se haga real en los hogares y que los conflictos, diferencias y crisis puedan ser enfrentados con transparencia, sin ira, ni proyectiles verbales, que se puedan combatir sin guantes de boxeo, juntos y de acuerdo.

En la siguiente entrega dando continuidad a este capítulo, les dejaré algunas reglas de convivencia cuando enfrentemos diferencias, que debemos poner en práctica para proteger nuestra relación.

Capítulo Siete

REGLAS DE CONVIVENCIA EN LOS CONFLICTOS

Siguiendo con el enfoque del capítulo pasado, en este quiero dejarles algunas reglas que están vinculadas al manejo de nuestros conflictos como parte de la responsabilidad de protección que debemos mantener para resguardar las relaciones maritales.

Regla 1: Privacidad

Mantener los conflictos en privado siempre será un gran aporte para la relación. He tenido la oportunidad de hablar con parejas que se ven altamente afectadas porque terceras personas son involucradas en sus crisis, produciendo más fricción que solución, llámese hijos, suegros o amigos.

He tenido que trabajar con matrimonios que tienen grandes conflictos con suegros, familiares o amigos que se involucran en sus vida privadas, todo por abrir una puerta que los invita a intervenir con opiniones y consejos que en vez de sumar a la relación traen fricción con grandes peleas.

Las parejas que ventilan sus vidas privadas entre familiares y amigos, no tienen la precaución y previsión de ser reservados con sus relaciones maritales, les cuesta guardar silencio, exponiendo abiertamente las debilidades de su conyugue, en muchas ocasiones desvalorizándole, colocándole en vergüenza y humillación, y que a veces se hace en público, como otras en privado, sin importar la influencia de descredito delante de terceras personas.

Las diferencias o debilidades matrimoniales no deben ser expuestas a otros, a no ser para buscar el mejor consejo como ayuda para la resolución de un conflicto, lo que debe hacerse es exponerlas a personas que están correctamente capacitadas para aportar ayuda y dar soluciones; como un consejero serio y con experiencia, un líder espiritual con madurez o sicólogo; pero no a personas cercanas, familiares o amigos de la pareja que se puedan sentir afines con un solo lado, que por parcialidad no den un consejo equilibrado a sus corazones.

Con mis líneas no solo quiero dejarles reglas de sana convivencia para superar crisis, deseo sacar de mi corazón al de ustedes este consejo para que se haga practico en sus hogares, por favor tómelo de alguien que por más de treinta años ha escuchado muchas historias tristes de matrimonios que no tuvieron la sabiduría de conducir sus relaciones; no es correcto abrir las puertas de la privacidad conyugal a terceros, no expongan sus diferencias, crisis o problemáticas maritales tan abiertamente, ustedes dos juntos y de acuerdo deben manejar estas en la total intimidad, agotando todos los recursos disponibles; de lo contrario acudirán al profesional en el área, que les dará herramientas y soluciones adecuadas.

Muchas personas crecen en dependencia, siempre se ven en la necesidad emocional de encontrar en alguien un apoyo para enfrentar un dilema, conflicto, problema, con esto no estoy diciendo que es malo, porque la biblia dice: "Donde no hay dirección sabia, caerá el pueblo; Más en la multitud de consejeros hay seguridad." Proverbios 11:14, lo cual es verdad, todos necesitamos la dirección sabia, para estar en pie y tener victoria en una situación, pero cuán importantes son los consejeros, cuán importantes son las palabras sabias que llegan de parte de alguien a quien abrimos el corazón; pero lamentablemente a nuestro alrededor todos no siempre tienen el buen consejo, ni la palabra oportuna; por eso es que las personas emocionalmente dependientes deben aprender a madurar e independizarse de siempre querer la aprobación de terceros, lo que les ayudará a ser reservados ante otros con su vida matrimonial.

En nuestro ministerio hemos tratado con matrimonios que llegan a la separación por haber involucrado en su relación a "amigos & amigas", que llegan a intimidar tanto y a tener una gran influencia en sus vidas maritales que se convierten en los promotores de la ruptura.

Los matrimonios fuertes se hacen y solidifican cuando tienen una visión de pertenencia el uno del otro, son íntimos, reservados, que colocan vallas de protección que no permiten que el mundo exterior penetre en su intimidad.

Regla 2: protección

Nuestros hogares son un lugar de refugio para nuestras relaciones matrimoniales y familiares, por eso alguien dijo: "El que se casa, casa quiere", dicho popular que es una realidad; así Dios también lo desea, de hecho él lo ordenó en el huerto cuando le dijo a Adán: "Por tanto, dejará el hombre a su padre y a su madre, y se unirá a su mujer, y serán una sola carne." Génesis 2:24, es el principio de separación del que les hablé en otro capítulo.

Nuestras casas han de ser el nido donde juntos construimos nuestros sueños, pero igualmente donde enfrentemos nuestras tormentas, las mismas se convierten en un círculo tan cerrado donde poseemos un sentido de pertenencia tan intima y personal que no hay mejor lugar para ventilar, enfrentar y resolver crisis, porque lo que se dice en casa, allí se debe de quedar.

Siempre le recomendamos a los matrimonios con hijos que deben procurar no involucrarlos en las conversaciones de resolución de conflictos, ni siquiera que puedan escuchar los planteamientos, independientemente que sean niños o adolescentes, para que no tengan que verse afectados emocionalmente por la conversación; aún si son adultos no es saludable que intervengan, porque recuerde que mantenemos la línea de privacidad hasta con nuestros propios hijos, quienes serán bendecidos o afectados por la forma de manejar en pareja las crisis.

Los matrimonios que manejan sus problemas y conflictos delante de sus hijos corren el riesgo de agravar sus relaciones, ya que ellos buscarán emocionalmente un medio de parcialidad donde inclinarán la balanza hacia el que consideren más débil, aunque este último no tenga la razón, lo que en ocasiones desencadena en resentimiento en el corazón de los hijos contra uno de los padres.

Lo hijos pueden ser afectados profundamente en momentos de crisis y así como afecta a los pequeños de casa, también puede afectar a los grandes, al punto de ocasionar violencia entre padres e hijos, por estos verse involucrados directa o indirectamente en el conflicto.

Nuestras casas serán el mejor campo para enfrentar nuestras batallas, pero siempre tomando las medidas de protección al matrimonio y al resto de la familia que vive bajo el mismo techo.

Regla 3: Expresión

Los conflictos matrimoniales en ocasiones nos turban y desestabilizan, sacando en ocasiones de nuestras personalidades las expresiones más inesperadas de nuestro carácter, debido a que las emociones juegan un papel importante con el que armamos comportamientos que vienen a ser nuestras armas de defensa para librar y vencer las diferencias. Pero en una relación marital no podemos enfocarnos en las victoria personales, sino en lograr que los alcances sean colectivos, donde ambos vamos a ganar; donde todos, aún los hijos tienen que ganar; así que nuestras expresiones y planteamiento siempre deben de estar basados en la justicia y beneficio del matrimonio, no el beneficio de uno solo, de lo contrario se convierte en una posición tanto orgullosa como egoísta.

Las normas del buen oyente y del buen hablante no quedan solo vigente para las relaciones que tenemos con terceras personas, estas siguen vigentes en nuestras relaciones matrimoniales y deben ser aplicadas en el momento de las diferencias.

Para algunos matrimonios estas normas están demás dentro del hogar, donde sus estilos de comunicación se hacen irrespetuosos, con palabras impropias como lo hable en otros capítulos, tampoco se cuidan las opiniones y los tonos de voz.

A la hora de un conflicto ambos deben prepararse para expresar y escuchar sus argumentos, que aunque sean pareja, las normas de educación deben mantenerse vigentes, porque en muchas ocasiones lo que agrava los problemas matrimoniales no es el planteamiento en sí, sino la forma como lo expresamos, planteamos y defendemos; son esas opiniones con tonos de voz las que hacen subir el furor, que levantan un bloqueo emocional, trancando el juego entre ambos. No solo son las diferentes ópticas con las que vemos el caso planteado, también está involucrado la violación de las normas educativas que nos permiten hablar mientras el otro escucha, prestando atención mientras el otro expresa su planteamiento. Cosa elemental y hasta tonta; pero por esta falta de madurez y no aplicar las normas correspondientes las parejas se han ido de las manos para defender sus posiciones.

La diferencia de óptica nos hace ver un conflicto de forma diferente, pero la manera de manejo del mismo nos llevará a la victoria o a la derrota. No podemos negar que ver las cosas diferentes crea una indisposición interna, que produce un bloqueo en el oyente al comenzar a escuchar los argumentos del hablante, pero cada receptor debe tener la capacidad y el dominio para respetar los planteamientos del emisor; que a pesar del malestar puedan mantener una posición de respeto y tolerancia, para tener un efectivo uso de las expresiones y llegar a términos efectivos en beneficio de la sociedad conyugal.

Estas tres reglas de convivencia nos ayudarán a sobrepasar las diferencias que toquen nuestras relación por causa de crisis, pruebas o tentaciones, siempre tocarán a nuestras puertas; lo importante es tener la sabiduría para aprender a enfrentarlas.

Capítulo Ocho

HONRANDO NUESTRO PACTO

"Tengan todos en alta estima el matrimonio y la fidelidad conyugal..." Hebreos 4:13 (NVI)

Vivimos en un sistema de idealismo, somos parte de un mundo donde nos influencian a ver modelos de matrimonios con patrones de armonía y perfección que no corresponden a la realidad. Nuestras mentes son condicionadas a tener grandes expectativas, queriendo adoptar para nuestras relaciones de pareja estos formatos que son vendidos como la verdadera felicidad pero que son construidos sin bases solidas y permanentes para luego derrumbarse.

Cuando observo los cambios que se han producido en la vida moral de la sociedad a través de los años, no puedo negar que estos han penetrado las bases y fundamentos de las parejas cristianas, desestimando las demandas que el fundador de la primera institución ha dejado en su palabra. Hemos puesto oído a las tendencias idealistas del matrimonio irreal que nos han pavimentado el camino para tener altos índices de infidelidad, fracaso y divorcio;

todo porque en esa búsqueda se han tomado atajos equivocados, sin esfuerzo y sin prestar atención a las amonestaciones y exigencias de Dios.

Generalmente un hombre y una mujer que dan el paso de unirse en la boda no están pensando en fracasar para en un año estar divorciados. Se unen en el acto de bendición esperando que su relación sea para toda la vida, así que el fracaso de los esposos no se da en la boda, el fracaso llega en el tiempo de la vida matrimonial; en parte por las grandes expectativas de ambos que nunca se hicieron realidad.

No podemos alimentar nuestras relaciones con falsas ilusiones; es imprescindible que traigamos al corazón sabiduría para conducir nuestros matrimonios; porque quiero dejarles claro a mis lectores, que el éxito jamás llegará a nuestras vidas huyendo de nuestras propias realidades maritales, exigiéndonos metas inalcanzables, sin trabajo, sin esfuerzo mutuo, ni darle al pacto el honor que este merece; sería absurdo pensar que tendremos relaciones exitosas sin hacer lo que a cada miembro le corresponde hacer. No hay recompensa sin esfuerzo, sin dedicación, ni obediencia a lo establecido por Dios, no lo hay. Los matrimonios que piensa de forma idealista donde jamás tendrán problema o vivirán felices, sin ningún tipo de acción para darse el valor en pareja, ni colocar en el lugar que les corresponde a su conyugue, van camino a la desilusión y el fracaso, pudiendo terminar en divorcio. Es por esto que quiero dejarles un principio que les ayudará a fundamentar la relación no en idealismo pero si en honra.

El matrimonio es un pacto que decidimos hacer por amor, aunque sabemos que existen parejas que lo realizan por compromiso o por dinero, pero sabemos que la mayoría de los que dan el paso al "si" lo hacen porque se han unido a un sentimiento con la otra persona, al que se le llama "amor". Es la unión sincera que es mezcla de la ilusión de dos personas que se sienten afines para construir un hogar.

Quiero dejarle a mis lectores la importancia de comprender que el pacto matrimonial no es un contrato, estos dos son diferentes; así que al unirmos en matrimonio no lo hacemos a través de un contrato, sino por medio del pacto. En mis próximas líneas deseo ampliarles el concepto con el fin de que se pueda hacer más comprensible lo que esto implica.

Un contrato es un acuerdo de voluntades manifestado en la común decisión entre dos o más personas que se obligan dentro de la capacidad legal (jurídica) establecida en el mismo, a cumplir con lo que en este está establecido. Se convierte en la suma de derechos y obligaciones para quienes lo contraen, donde ambos y bajo mutuo acuerdo pueden tener la capacidad de modificar, añadir o quitar las clausulas, dando la aprobación a través de una firma.

El pacto matrimonial (en latín: pactum) refiere un convenio o tratado solemne, estricto y condicional entre solo dos personas, un hombre y una mujer (un varón con una hembra), que establece una obediencia a cumplir con lo establecido legalmente pero de igual manera dando validez y cumplimiento a las ordenanzas establecidas en la Biblia para los casados, donde ambas partes están comprometidas a ejecutar ciertas acciones y que también reciben retribuciones de la otra parte por su cumplimiento.

Quiero dejarles con mi próximo ejemplo de forma sencilla la diferencia para hacerlo más comprensible.

Si me veo en la obligación de vender una propiedad, una casa o terrero; de manera personal yo pongo una serie de condiciones para la venta, que al conseguir un comprador puedo bajo la aceptación entre ambos cambiar mis exigencias, ajustándolas con la persona o los interesados, colocando las clausulas en mutuo consentimiento, donde todos conformes podemos añadir, cambiar o eliminar dichos acuerdos.

En el caso del pacto matrimonial, la unión que recibirá la bendición de Dios, está basado en la aceptación de solo dos personas que contraen nupcias bajo los estatutos legales y los divinos establecidos en las Sagradas Escrituras, donde los contrayentes afirman estar de acuerdo con dichos estatutos y bajo ningún concepto tienen ni la capacidad ni el derecho de añadir, cambiar o eliminar las clausulas establecidas en la Biblia. La responsabilidad de la pareja será vivir bajo el pacto diseñado por Dios hasta que la muerte los separe.

Si antes de la boda muchos matrimonios entendieran el profundo significado que tiene el pacto matrimonial, estoy segura como ministro del evangelio que muchas parejas harían un alto para pensar con más seriedad el paso que están dando.

A través del tiempo y con la descomposición social que estamos viviendo, cada día se diluye la relevancia del pacto, donde hemos reducido su alto valor a un contrato con convenios personales; donde son modificadas las clausulas a gusto de los participantes. Pero en el pacto divino, Dios quien puso las estipulaciones espera que los contrayentes cumplan los acuerdos para recibir la bendición permanente que él ofrece a la vida matrimonial.

Las parejas no deben desvincular sus matrimonios de la relación sagrada que este representa, dicho acuerdo no solo es legal ya que deben presentarse ante las autoridades civiles para dejar constancia del acto, también es un acto espiritual tipificado en la Biblia, donde se representa la relación que Cristo tiene con su iglesia. Si no se cumple el pacto entonces se deshonra la convivencia conyugal.

Definamos en las próximas líneas el significado de honra para construir unas bases que le dan más solidez a la unión haciéndola libre de idealismos.

Cuando hablamos de honrar podemos definirlo como la manifestación, decisión y acción que tomamos para asignar un alto valor, dignidad, respeto e importancia hacia Dios, otras personas e instituciones.

Alguien dijo: "Tus acciones están distantes de tus palabras"; así que la honra es el gesto demostrado de una persona de decirle a Dios u otra persona que ocupa un lugar de amor, consideración, atención, reverencia, veneración, deferencia y respetabilidad en su vida.

Cuando revisamos las escrituras encontramos que el mismo Dios que pide honra demanda honra; siempre ha querido que la humanidad entienda este principio y a su pueblo les exige que se la entreguen. El mismo Dios que la demanda quiere que expresemos honra a personas e instituciones, esto lo observamos a través de la Biblia cuando leemos que los hijos deben honrar a los padres (Éxodo 20:12), que honremos las canas (Levíticos 19:32), honrad a los hijos (Salmos 2:12), honremos el matrimonio (Hebreos 13:4).

Definiré la honra dentro del pacto matrimonial en estas líneas, como la extravagante manera de probar la importancia que un conyugue tiene hacia el otro, que se sale de lo ordinario a lo especial.

Cuando honramos a nuestra pareja, estamos patentizando el pacto que un día hicimos ante Dios y los hombres. Al escribir patentizar me refiero a manifestar, dejar evidencia en acciones de que creemos en la demanda impuesta por quien estableció el matrimonio. Quiero dejar claro que este alto valor no lo fundamentan las cosas materiales como lo vende el mundo, ni la expectativa irreal de matrimonio perfecto; está anclado en la fidelidad al pacto que nos demanda colocar en una posición de privilegio delante de Dios, los hombre y la sociedad al ser amado que ha sido escogido para compartir la vida, como lo expresa el escritor en el libro a los Hebreos 13:4 que dice: "Honroso sea en todos el matrimonio, y el lecho sin mancilla; pero a los fornicarios y a los adúlteros los juzgará Dios."

La sociedad no entiende los principios de honra, porque no conocen al Dios que la estableció, porque la sociedad en la que vivimos establece sus propios parámetros de conveniencia para valorizar o desvalorizar cuando quieren el vinculo matrimonial.

Gran parte de las parejas se casan sin aplicar ni siquiera sentido común a sus relaciones, mucho menos aplicarán principios de honra; su desconocimiento hace a gran cantidad de matrimonios ignorantes del profundo sentido de esta palabra; esto se debe a que el mismo es un fundamento con un significado espiritual que va más allá de lo humano y filosófico, porque se inicia y relaciona con Dios. Es necesario conocer a Dios y su palabra para entender el principio de la honra.

La sociedad sin Dios, los gobiernos, así como grupos extremistas han distorsionado el patrón original, al punto de defender la tesis de que el modelo en el huerto no sirvió, es por esto que hoy se levantan agendas y leyes para establecer otros modelos, alegando que el modelo del edén falló. Desde esta perspectiva ya están deshonrando el pacto.

No podemos dejar de ser realistas, tenemos que sacar conclusiones de tal deshonra al pacto. El acto de dejar sin un lugar de privilegio el matrimonio ha dejado consecuencias en nuestras sociedad, resultados que directa o indirectamente nos están afectando a todos, ya que como agrupación colectiva somos salpicados por los malos resultados, recuerden que el matrimonio es una extensión de la familia, la cual es la célula fundamental de la sociedad; si las parejas están enfermas contagiarán a los hijos que son parte del vinculo familiar, donde este ultimo impactará al resto de las instituciones.

La desvalorización del pacto matrimonial ha desencadenado una serie de eventos que han dejado resultados de proporciones catastróficas, entre ellos la violación de los ordenes divinos, el manejo de los hogares a criterio personal, divorcios por razones irrelevantes, jóvenes viviendo juntos sin la bendición del Señor, adulterios, pornografía, homosexualismo, asesinatos, suicidios, adicciones, estos son solo algunos entre tantos.

Los cristianos somos responsables de levantar el estandarte de honra al matrimonio, ya que todo aquel que ha tenido un encuentro genuino con Dios entiende que su Señor pide honra para él, demandando también que honremos el pacto. Seremos verdaderamente los valientes y radicales para levantarnos en contra de la corriente, poniendo en alto lo más preciado que tenemos sobre esta tierra que es nuestra familia.

Demos y demostremos el lugar que le corresponde a nuestro esposo, esposa, pongamos a cada quién con cada cosa en su lugar, no cambiemos el orden, cumplamos con el orden: primero Dios, luego el matrimonio, después la familia colocando el resto de personas o cosas en la posición que les corresponde estar; recuerden la orden de Dios al inicio que dice: "dejará" implicación que representa honra a la pareja, y va más allá de separarse de los padres, es también poner en segundo plano trabajo, reuniones, compromisos, ministerios, dinero. No quiere decir que no tengan valor estas áreas o personas, lo que representa es que nunca deben ocupar ni competir con la posición del conyugue.

Finalizado mi tema de honra, quiero que ahora los lectores puedan revisar las próximas líneas sobre la infidelidad, para que juntos y de acuerdo levanten vallas de protección que cerquen su vida marital, con el fin de evitar que el fantasma de la infidelidad toque a sus puertas, les invito a cruzar al próximo capítulo Nueve.

Capítulo Nueve

COLOCANDO VALLAS DE PROTECCIÓN JUNTOS

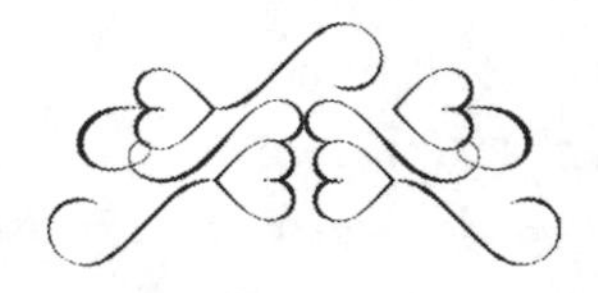

¿Y por qué, hijo mío, andarás ciego con la mujer ajena,
Y abrazarás el seno de la extraña? Proverbios 5:20

Quiero compartir en este capítulo un tema que establezca en el corazón de las parejas la importancia de colocar vallas de protección para sus matrimonios, ya que la infidelidad es un tema que se ha convertido en una sombra que opera en nuestra sociedad, la cual no es comúnmente manejada en nuestras comunidades cristianas, pero asecha la vida conyugal dentro y fuera de la iglesia.

Hablar del tema con las parejas es incomodo, para otras difícil o poco común, para otras es doloroso ya que las ultimas han tenido que enfrentar en sus propias relaciones un caso de infidelidad.

Al escuchar en nuestra asesoría pastoral a muchas parejas que se han visto envueltas en casos adulterio y el conocer el repudio evidente que la Palabra de Dios le da a la infidelidad conyugal, me motiva a dejar algunas palabras que les ayude a colocar vallas de protección que cerquen sus relaciones matrimoniales.

Los actos de infidelidad están dejando huellas y heridas profundas en las relaciones familiares, muchas imposibles de cicatrizar, en otros casos pasa tiempo para sanar heridas, en otros los hogares quedan literalmente destruidos.

Los vínculos del hogar se están desmoronando por estar uno de los conyugues envueltos en tal acto. No solo es un esposo o una esposa a quién se le es infiel la que sufre, creo que la sociedad no ha entendido las marcas, el dolor y la herencia negativa que se deja en los hijos, todo por atentar en contra del pacto matrimonial.

Es tan fuerte el concepto del adulterio como lo es la demanda de Dios de mantener la pureza del pacto y así mismo son las consecuencias que tal acción deja, el problema está en que si seguimos tomando esta problemática como normal dentro de nuestro entorno, no veremos la necesidad de usar muros de contención en contra del mismo.

Quiero entregarle desde mi corazón una verdad que hemos visto por años a través de la consejería, y es que ningún matrimonio está inmune de las insinuaciones de ser infiel; por favor no lo vea como algo irreal, ni fuera de sitio, el adulterio es una realidad hoy; es un mal que no tiene distinción de raza, ni sexo, ni religión, ni posición social, ni posición jerárquica, toca a las puertas de reyes, presidentes, ministros religiosos, cristianos hasta ciudadanos comunes; son muchos los desprevenidos e inesperados que han sido víctimas de las invitaciones seductoras de este mal.

Una de las razones que le da fuerzas a este instrumento de Satanás es el placer de lo prohibido. Cuando recordamos la historia del rey David de quién se registra en la Biblia que "un día", (muchas veces es el día menos pensado), en un lugar (no importa el lugar donde te encuentres: casa, oficina, redes sociales, o el templo); dice: "Y sucedió un día, al caer la tarde, que se levantó David de su lecho y se paseaba sobre el terrado de la casa real; y vio desde el terrado a una mujer que se estaba bañando, la cual era muy hermosa." 2 Samuel 11:2.

El rey David se olvidó de la posición jerárquica que tenía, se olvidó que era el rey de Israel, se olvidó que era el hombre conforme al corazón de Dios, se le olvidó que tenía conocimiento de los estatutos divinos; David pudo tomar la firme decisión de rechazar la propuesta de sus ojos, codiciar a la mujer ajena, más sin embargo su reacción a tal tentación fue preguntar por la dama hermosa y mandarla a buscar. El final de la historia todos la conocemos y sabemos por la historia toda la tragedia que su acto de adulterio desencadenó.

Cuando viajamos por una larga carretera encontramos innumerables letreros de advertencia, prevención y dirección que nos ayudan como viajeros a llegar bien al lugar de destino; lo mismo sucede con los matrimonios cuando en el camino vemos advertencias que cobran gran significado dando alertas de los peligros cercanos de las relaciones extramaritales.

Han sido innumerables los casos que hemos atendido en nuestros años como pastores y consejeros, son muchas las parejas que a través del tiempo hemos palpado como se destruyen sus familias, por la terca idea de uno de los cónyuges pensar que lo mejor está fuera de casa, de querer probar lo prohibido, de pensar que una nueva relación dará más satisfacción y llenará los vacios que la actual no está llenando; donde todo es una mentira y trampa de Satanás que vino a robar, matar y destruir. Su plan es dañar el original de Dios a través del engaño, pero también es provocar que por tal acto pecaminoso e inmoral las almas se pierdan en el infierno.

Mi plan con estas líneas es dejar conciencia y vallas que no permitan que los dardos del maligno hieran sus matrimonios. Es mejor que las parejas corran y huyan de sus insinuaciones y no que queden atrapados en la ruina por un momento de placer.

A continuación quiero dejarles algunas de las vallas protectoras que les ayudarán juntos y de acuerdo a proteger sus relaciones, para que nunca se vean envueltos y atrapados en las garras de este fantasma que rodea constantemente buscando una presa.

1.- No hagan comparaciones de su relación con otras parejas: Los matrimonios son como las huellas digitales, son únicos. Las comparaciones se convierten en acciones negativas, enviando mensajes por parte de uno de los conyugues diciendo que su matrimonio no tiene el nivel que otros tienen, minimizando el valor del mismo.

Lo mismo sucede cuando un conyugue compara al otro con parientes o amigos, dejándole saber que estas personas son mejores que su pareja, desestimándolo constantemente con críticas, anulando las virtudes únicas que posee; desarrollando una relación toxica y venenosa que pavimenta el camino para la infidelidad, la cual nunca será justificada, pero que se convierte en un medio de escape en la relación.

2.- Seleccionen bien sus amistades: En un tiempo de conflictos, deshonestidad, deslealtad, inmoralidad y pérdida de valores; la selección de amistades debe hacerse con sumo cuidado, ya que las mismas serán influencia positiva o negativa para el matrimonio.

Amigo no es cualquiera, así que los amigos que escojan juntos y de acuerdo no deben pasar la línea fronteriza de la privacidad en tu relación. No escojas amigos que estén en contra de Dios y del matrimonio, que hacen burla y manejan sus vidas con doblez. Si ellos no creen, tampoco serán una buena influencia en el momento de necesitar ayuda, ellos simplemente aportaran de acuerdo a sus propias creencias religiosas, valores morales y principios.

3.- trace fronteras y protéjase en los campos de trabajo: Los campos de trabajo se han convertido en terrenos fértiles para el adulterio, por lo que es importante mantener la distancia y la privacidad de sus vidas intimas.

Deben aprender a ver sus compañeros laborales en ese nivel, con el fin de conservar la intimidad de sus matrimonios, a donde no es sabio trasladar su vida marital, ni expresar con compañeros del sexo opuesto cualquier crisis que puedan estar enfrentando. No busquen paños de lagrimas, ni hombros en los cuales descansar en los campos de trabajo cuando tengan malos momentos de pareja, porque muchos buscadores de ayuda (Esposos - esposas) han quedado atrapados en lazos sentimentales con personas que están juntas en horarios de oficina. La distancia personal es importante ya que evita la compenetración que en ocasiones desencadena en relación, llevando a muchos a la infidelidad en el área laboral.

4.- Evite relaciones afectivas y cercanas con el sexo opuesto a espaldas de su pareja. No se involucre en conversaciones de su vida, personal, matrimonial, sexual, sobre crisis del hogar o asuntos privados; ni alimente fantasías amistosas de desahogo como fuente de escape debido a la cercanía en cualquier lugar donde se encuentre o visite contantemente.

5.-No salga a solas con el sexo opuesto: Bajo ningún concepto acepte invitaciones a solas, ni viaje a solas con personas del sexo opuesto, no solo como previsión por causa de la reputación, sino como valla de protección contra la tentación, evitando tiempos a solas con dicha compañía.

6.- Eviten entretenimientos que debiliten sus valores morales y espirituales; entendiendo que los medios de comunicación social hacen una labor constante para destruir nuestros fundamentos y socavan la estabilidad, seduciéndolos a tener nuevas experiencias fuera del matrimonio.

Busquen alimentar sus relaciones procurando la armonía y atacando sus crisis y diferencias con sabiduría, como lo tratamos en capítulos pasados.

7.- Las herramientas espirituales dadas por la Palabra de Dios, son armas que nos ayudan a contrarrestar las asechanzas de Satanás, todas son imprescindibles en nuestra vida como cristianos para tener la victoria.

Alimenten sus vidas con lo que ven y escuchan, filtrando la música y programaciones que ustedes saben que pueden dañar la relación.

Recuerden siempre orar por sus matrimonios para que el cordón de tres dobleces que es el Señor, le de solidez a la unión. La oración juntos y de acuerdo por las necesidades de su relación se hace efectiva, produciendo unanimidad en los criterios. Cuando las parejas están sintonizadas espiritualmente forman lazos más fuertes emocionalmente, que levantan vallas de contención en contra del adulterio.

8.- Ustedes pueden convertir sus hogares en pedazos de cielo, condicionados para la buena convivencia, eso fortalecerá la vida conyugal, donde tengan la libertad de compartir, disfrutar juntos, tener tiempo a solas, cultivando una relación de dependencia emocional.

Juntos y de acuerdo colocarán vallas de protección contra el adulterio porque la Biblia dice:

"No cometerás adulterio"
Éxodo 20:14

"Porque del corazón salen los malos pensamientos, los homicidios, los adulterios, las fornicaciones, los hurtos, los falsos testimonios, las blasfemias."
Mateo 15:19

"¡Oh almas adúlteras! ¿No sabéis que la amistad del mundo es enemistad contra Dios? Cualquiera, pues, que quiera ser amigo del mundo, se constituye enemigo de Dios."
Santiago 4:4 (RVR 1960)

"Oísteis que fue dicho: No cometerás adulterio. Pero yo os digo que cualquiera que mira a una mujer para codiciarla, ya adulteró con ella en su corazón." Mateo 5:27- 28 (RVR 1960)

Capítulo Diez

SEXO BÍBLICO VS SEXO SOCIAL

"Ustedes deben portarse como corresponde al pueblo santo: ni siquiera hablen de la inmoralidad sexual ni de ninguna otra clase de impureza o de avaricia." Efesios 5:3 (DHH)

Para nadie es desconocido los retos que estamos enfrentando como parejas en el área sexual, donde los valores y principios morales de la Palabra de Dios han querido ser derribados para implantar un modelo enfocado en placeres y deseos netamente carnales, con practicas pervertidas como el sexo oral, sexo rectal, la pornografía, homosexualismo, adulterio, incesto, bestialismo, sexo cibernético, etc.

Detrás del sexo obsceno y degenerado sabemos que se ha creado una poderosa industria que mueve y manipula la mente de hombres y mujeres para desvirtuar el valor que la vida sexual verdaderamente tiene, donde los medios de comunicación social secular se han convertido en aliados para destruir los principios bíblicos.

Han realizado tan excelente trabajo que han querido socavar las bases de nuestros principios, a tal nivel que en nuestras comunidades eclesiásticas en este tiempo se está debatiendo si lo que ellos fomentan es permitido o no, tema en el que muchos hoy están dando como aprobado en sus vidas maritales las practicas mundanales como actos correctos y aprobados, cambiando el contexto de las escrituras para adaptarlas a sus propias pasiones y deseos, cuando la Biblia nos amonesta que "ni siquiera hablemos de la inmoralidad sexual ni de ninguna otra clase de impureza", cuanto más ponerlas en práctica.

Los matrimonios cristianos están siendo bombardeados para levantar el deseo a experimentar todo tipo de prácticas sin tener en cuenta los parámetros bíblicos establecidos por quien creó el sexo, Dios, atravesando las líneas fronterizas entre el mundo y la iglesia.

En este capítulo quiero dejar fundamentos firmes para nuestras vidas cristianas, así como para nuestra vida sexual dentro del vinculo matrimonial para poder levantar vallas protectoras que ayuden a mantener determinantes y radicales las bases que mantienen la santidad y la pureza sexual, pero igualmente para ayudar a las próximas generaciones de creyentes a mantener los preceptos divinos y no adulterarlos para conseguir solo placer momentáneo sin medir los resultados a largo plazo.

Las parejas cristianas no podemos ignorar las influencias permisivas y los tiempos de confusión que la sociedad está experimentando, atmosfera que nos debe llevar a la conciencia de los malos tiempos que estamos atravesando; que en ocasiones tocan a nuestras puertas incitándonos a deshonrar el pacto; cuando Dios hoy sigue demandando que nos apartemos de toda especie de mal, incluyendo el acto sexual.

Dios está llamando a hombres y mujeres comprometidos con él y su palabra para que se levanten en contra de tal bombardeo impuro; que levanten banderas de santidad con sus propias vidas y matrimonios, influenciando a sus hijos con un mensaje de cambio, transformación, pudor y castidad.

No podemos negar que la Iglesia de Jesucristo hoy casi observa con normalidad a una sociedad permisiva mantener un discurso constante de degradación, donde ha sido permisiva sin aplicar las cuotas de responsabilidad que tenemos por ser parte de ambas, a quienes Jesús nos dio la orden de ser sal de la tierra y luz del mundo. Somos integrantes de la sociedad que influencia el divorcio como salida y termino definitivo sin importar que dicen y sienten los hijos, sin ni siquiera enfocarse en las consecuencias futuras, somos parte de una sociedad que toma el adulterio como un acto común, casi ya asimilado por todos los entornos sociales, somos parte de una generación que toma las practicas de los actos lascivos y pornográficos como parte de sus vidas, que están a la disposición en la privacidad de los hogares, de la sociedad que fomenta cualquier tipo de prácticas sexuales; todas estas sin importar las profundas consecuencias espirituales y emocionales, que dejan huellas profundas en quienes las practican así como en los seres amados que son afectados, así como la misma sociedad que se destruye con un cáncer llamado inmoralidad.

La sociedad hoy le envía un mensaje a la iglesia y a los matrimonios que deseamos tener la guía bíblica, diciéndole que lo que Dios hizo en el huerto del Edén no sirvió, no funcionó, queriendo demostrarlo a través de modelos traídos del mismo infierno para plagar la tierra y poner en vergüenza las verdades del evangelio. Es por esto que vemos el auge del homosexualismo, pecado aberrante condenado por la Biblia, donde a nivel mundial se están aprobando leyes que lo validen, con el plan de escupir con sus actos depravados el propósito real del sexo, el cual no fue ingenio de la industria cinematográfica, sino que fue creado por Dios con el plan de unir a un hombre con una mujer, "Varón y hembra los creó"; seres sexuados para crear una diferencia de funcionalidad, el varón creado con un pene y la mujer con una vagina.

La problemática a nivel sexual está ocasionando en nuestros medios grandes problemas de salud pública con enfermedades contagiosas como el sida, clamidia, herpes genital, gonorrea, sífilis, y otras; así como suicidios, traumas sicológicos, dejando un legado a nuestras generaciones de relevo de confusión y motivación a adaptar el modelo que mejor deseen. Personalmente considero que en los próximos años tendremos un gran caos en el área sexual peor que en los días de Noé.

Como matrimonios cristianos somos portadores del cambio que ofrece Jesús en nuestros hogares, tenemos que seguir luchando para mantener nuestros principios y valores de forma determinante aún cuando somos influenciados para violarlos, porque Dios es santo, sigue siendo santo y es él quien demanda santidad en nuestras relaciones de pareja. No se le puede hablar al mundo de santidad cuando la iglesia no la practica.

No podemos negar que la iglesia a través de los años guardó silencio en este tema, del cual somos responsables en enseñar, y lo somos porque hemos tenido el manual en la mano que aunque solo refiere dos pasajes en la Biblia que mencionan la palabra sexo, revisamos y encontramos que está lleno de enseñanzas que dejan directrices para practicarlo, pero el silencio nos condujo a perder terreno, mientras el mundo lo ganaba.

A través de los años era tabú el tema en nuestros pulpitos, nosotros mismos como conferencistas en esta área hemos tenido la experiencia de ver a creyentes ruborizarse porque dicen que el pulpito es un lugar santo donde no debe tocarse este tópico, pulpitos donde se le da más importancia al mensaje de prosperidad que al sexual, donde el primero puede llegar a ser irrelevante para la salvación pero el segundo sí, porque sus prácticas pueden llevar a un creyente a romper su comunión con Dios; el ser prósperos no nos impide llegar al cielo, pero la Biblia dice que los impuros no entrarán al reino de Dios, 1Corintios6:9.

Muchos tensos y sonrojados colocan el freno de mano para tratar de frenar la enseñanza, cuando la palabra dice de sí misma que es útil para redargüir e instruir, también en la vida de intimidad de un matrimonio. Se ha dejado a decisión personal dentro de las comunidades cristianas que cada quien haga con su vida marital lo que quiera, porque la iglesia se ha avergonzado de hablar de lo que Dios no se avergonzó en crear, dejando a muchos creyentes y matrimonios hundirse en los pecados de impureza sexual, por causa del desconocimiento y silencio.

De un extremo del tabú y el silencio la balanza se ha inclinado ahora al peor de los extremos, ya que este último es más peligroso y destructivo, que de forma lenta pero determinante se ha posicionado como tema de relevancia hasta para vendernos un auto nuevo, donde la publicidad prescinde de una mujer casi desnuda para promocionar la venta o esperando el noticiero de nuestra localidad tenemos que estar expuesto a la vulgaridad y obscenidad minutos antes de estar informados, mensaje constante que debe prender las alarmar en nuestros hogares para levantar vallas de protección que no destruyan la convicción en las parejas de que a Dios también le interesa bendecir nuestra convivencia sexual y para dejar un legado saludable a los hijos.

Pero no todo está perdido, creo que siempre Dios levanta ministerios para que exalten los principios escriturales. Hoy se están levantando muchos servidores del reino capacitados por Dios que están abordando el tema ayudando a matrimonio que vivan bajo el diseño correcto.

Con este capítulo solo he querido dejar un alerta que pueda dar entendimiento a los matrimonios del medio ambiente en el que estamos desarrollando nuestras relaciones intimas y la gran influencia de los ordenes sociales donde su único propósito es dañar el plan divino en nuestra intimidad.

Quiero invitarles en mi recorrido para revisar los propósitos del sexo según el orden de Dios dentro del matrimonio, para que juntos y de acuerdo procreen, se relacionen y lo disfruten. Acompáñenme en nuestro próximo recorrido por el capítulo once titulado: "Diseño divino para el sexo".

Capítulo Once

DISEÑO DIVINO PARA EL SEXO

"pero al principio de la creación, varón y hembra los hizo Dios." Marcos 10:6

Como cristiana y ministro del evangelio, enseñando por más de treinta años junto a mi esposo a matrimonios y familia, tengo la firme convicción de que el Señor quiere intervenir en todas las áreas de nuestras vidas, dejándonos en su palabra códigos de sabiduría espiritual para manejarlas. Cuando me refiero en todas, debo decirles que son todas, llámese eternidad, matrimonio, familia, finanzas, relaciones interpersonales, hasta nos enseña el comportamiento que debemos adoptar cuando estamos sentado como invitados a una mesa diciéndonos: "Pon cuchillo en tu garganta"; así que para mí, todo es todo, incluyendo la vida sexual. Dios está tan interesado en nuestras relaciones matrimoniales para bendecirlas que el tema del sexo no se escapa de su palabra y deja sus exigencias para que la promesa de su bendición caiga sobre nuestros pactos.

Muchos consideran que la iglesia no debe hablar de sexo, pero como les escribí en el capítulo anterior, que somos nosotros los responsables de poner las bases de acuerdo a la palabra. Si revisamos, encontraremos que Dios no desprecia las enseñanzas de vida sexual ni las minimiza en su santa palabra, pero tampoco las engrandece ni enaltece como los tema a nivel de la eternidad, que sabemos es el enfoque primario de las buenas nuevas de salvación. El Señor nunca promovió en su palabra la abstinencia de tener sexo, así como tampoco dejó una estela de duda de que las prácticas lascivas eran aborrecidas por él. Dios quiere dejar el panorama de una intimidad que va más allá de la penetración de el pene del hombre en la vagina de su mujer, lo lleva a un plano de entrega con honra, amor y respeto entre dos personas que han jurado un compromiso de pacto delante de Dios y los hombres.

Dios todo lo hace con propósito, así que al crear al hombre sexuado como lo dicen las escrituras, un hombre para una mujer y una mujer para un hombre (varón & hembra), lo hace por tres razones: procreación, relación y recreación.

1.- Procreación:

"Y los bendijo Dios, y les dijo: Fructificad y multiplicaos; llenad la tierra, y sojuzgadla, y señoread en los peces del mar, en las aves de los cielos, y en todas las bestias que se mueven sobre la tierra." Génesis 1:28 (RVR 1960)

El propósito de Dios después de haber creado al hombre, era que este se multiplicara a través de la reproducción por medio del acto sexual entre el varón y la hembra, gracias al milagro de la unión del óvulo y el espermatozoide.

Dios había creado la función biológica en ambos para darle perpetuidad a la humanidad, siendo necesaria la intervención de los cromosomas masculinos XY y los femeninos XX para formar una nueva célula que da vida.

El interés estaba centrado no en que él creara más hombres sobre la tierra, sino que se multiplicarán por medio del vínculo santo del matrimonio a través del acto sexual, como una forma de protección de la raza humana.

Dios bendice el vínculo santo del matrimonio donde entrega licencia, legitimidad a la relación, para la multiplicación del hombre sobre la tierra; una problemática que hoy vemos en nuestra sociedad, la de ver hijos llegando al mundo sin un techo matrimonial que los acobije y proteja de las inclemencias de la vida.

2.- Relación

"...Y estaban ambos desnudos, Adán y su mujer, y no se avergonzaban." Génesis 2:25 (RVR 1960)

Este propósito lo pudimos revisar en capítulos anteriores donde les dejé clara la importancia de la separación con los padres para traer unidad en el matrimonio.

La unidad entre el hombre y la mujer forma lazos que dan solidez al pacto, llevándolos a vivir en transparencia, lo que les conduce a una intimidad física y emocional en su convivencia; que se convierte en más que penetración del pene en la vagina, donde se desarrolla una relación de dependencia, enfocada en satisfacer la necesidad del ser amado.

Dios da la orden de separación (dejará padre y madre), para producir una relación en la pareja (se unirá), donde la relación alimentará transparencia (estaban ambos desnudos física - emocionalmente) y esta última los llevará a la intimidad (serán una sola carne).

3.- Recreación

"Sea bendito tu manantial, Y alégrate con la mujer de tu juventud, Como cierva amada y graciosa gacela. Sus caricias te satisfagan en todo tiempo, Y en su amor recréate siempre." Proverbios 5: 18-19 (RVR 1960)

El plan de Dios no solo era la relación y multiplicación, el creador del sexo siempre ha estado interesado en que el hombre tenga una vida plena incluyendo el disfrute en intimidad solo dentro del matrimonio. Tenemos la aprobación del cielo de disfrutar nuestras relaciones siempre y cuando estén dentro del marco de lo permitido, así que el plan no era aburrido ni de negaciones, el plan incluye gozo, deleite, alegría, regocijo, contentamiento.

El proverbista lo pudo decir con libertad expresando que la fuente que tienes, tu propia fuente es bendita, es bienaventurada, dichosa; así que tienes la plena libertad de gozarte en las aguas que corren sobre tu piel, es tu compañera, tu compañero, las caricias no deben ser escasas en su cuerpo, ni en el tuyo, que nunca falten las expresiones de cariño y puedan envolverse en el amor que los unen, que las caricias traigan satisfacción a tu corazón en todo tiempo. Yo le digo a mi esposo que cuando una pareja tiene estas expresiones de amor el hombre no necesita viagra, ni sus relaciones necesitan aditivos baratos.

En mis próximas líneas es mi deseo dejar la visión bíblica que les ayudará a ver el sexo dentro de la exclusividad del matrimonio, de acuerdo a lo que dice Pablo en la carta que le escribe a la iglesia en Corinto.

"En cuanto a las cosas de que me escribisteis, bueno le sería al hombre no tocar mujer; pero a causa de las fornicaciones, cada uno tenga su propia mujer, y cada una tenga su propio marido. El marido cumpla con la mujer el deber conyugal, y asimismo la mujer con el marido. La mujer no tiene potestad sobre su propio cuerpo,

sino el marido; ni tampoco tiene el marido potestad sobre su propio cuerpo, sino la mujer. No os neguéis el uno al otro, a no ser por algún tiempo de mutuo consentimiento, para ocuparos sosegadamente en la oración; y volved a juntaros en uno, para que no os tiente Satanás a causa de vuestra incontinencia." 1 Corintios 7: 1-5

El Apóstol Pablo le está escribiendo desde Éfeso a los miembros de la iglesia, al parecer los creyentes de la congregación en esa región le hicieron llegar algunas consultas que estaban dirigidas a aclarar la posición eclesiástica sobre los placeres sexuales y que él quiso responder, con el propósito de dejar directrices morales para la comunidad Cristiana del lugar.

Si recordamos algo de la historia, esta ciudad presentaba problemas morales como los que presentamos hoy en nuestra sociedad; esta era la capital del placer del Imperio Romano, quienes siempre estaban escudriñando sobre el intelectualismo y sensualismo; que había sido considerada la capital del pecado, como decir hoy las vegas en nuestro país, la cual era una ciudad Cosmopolitan por ser una puerta al turismo; así que la ciudad se prestaba para recibir cualquier tipo de cultura e influencia; lo cierto es que la iglesia se estaba viendo salpicada y los creyentes del lugar necesitaban luz para traer orden y mantener los principios establecidos. Hoy sucede lo mismo, necesitamos la iluminación de las escrituras para mantener las instrucciones de Dios y no adulterarlas.

No sabemos el contenido de esa carta que produjo las respuestas, lo que si entendemos es que refiere cual debía ser el estado civil adecuado en el que las personas debían mantenerse, Pablo pasa a responderles diciendo sus consideraciones, de hecho vamos a encontrar en parte de algunos versos en este capítulo donde él refiere la expresión "digo yo, no el Señor" o "mando, no yo, sino el Señor", el Apóstol quería dejarles una referencia de lo que él consideraba, pero por encima de su apreciaciones personales, estaban las determinaciones del Señor para ser impuestas en la iglesia.

El por su condición de soltero les expresa que sería preferible que se quedarán como él, solo, pero a causa de los peligros de la prostitución y perversión su recomendación era que cada hombre debía tener su propia esposa y cada mujer su propio esposo, así que para proteger y cubrir la integridad moral estaban en la responsabilidad de tener licencia para el acto sexual.

La licencia representa el compromiso de estar unidos bajo el vínculo bendecido por Dios para poder disfrutar de la intimidad; así que quien no está bajo ese pacto no tiene derecho a tal disfrute, en aquel tiempo y en el presente.

El Apóstol en su carta después de motivarles a que obtengan su licencia para legitimar los actos sexuales, les exhorta a cumplir a ambos con el deber. Cuando refiere "deber conyugal" no lo enfoca en la responsabilidad de funciones: hombre- líder, mujer- ayuda, a lo que hace referencia es a suplir la necesidad fisiológica y emocional de la pareja, en otras palabras, el esposo debe tener relaciones sexuales con su esposa así como la esposa debe tenerlas con el esposo; "cumplir" es más que en un matrimonio ejerzan la posición que Dios les delega, "cumplir" es satisfacer la necesidad sexual de la pareja, porque como dice Pablo: "en el matrimonio no somos dueños de nuestros propios cuerpos, sino que el uno le pertenece al otro." Cuando se toma la posición de no cumplir se está desobedecido la orden de las escrituras.

Ahora cuando revisamos en la forma en que cada uno piensa, sabemos que el sexo es visto de forma diferente entre el hombre y la mujer, lo que hace que la visión del cumplimiento también se tome desde perspectivas diferentes.

Para un hombre el sexo es una acción voluntaria y casi diaria, para la mujer encierra buscar un sin número de excusas para cumplir, esto debido al lente con el que cada uno lo percibe, somos diferentes y tenemos ópticas diferentes, Dios nos creó diferentes.

Los hombres son visuales y su la vía de placer se produce a través de la vista, de allí que la pornografía a jugado un papel muy importante en las exigencias del sexo masculino aunque esta práctica es pecado; su medio para alimentar el deseo es ver el cuerpo desnudo de su mujer, eso lo estimula inmediatamente preparándolo para estar listo y disfrutar del acto sexual; a diferencia de la mujer que es auditiva y romántica, donde su estimulo está centrado en palabras y acciones. Las palabras de un esposo amoroso, romántico y detallista, la eleva a un nivel de preparación y deseo alimentando su corazón, que se prepara para entregar no solo el cuerpo sino también el alma.

En los primeros años de casados, jugando con mi esposo le decía que para él querer hacerme el amor debía comenzar a preparar el terreno días antes, no porque sea caprichosa, simplemente porque como mujeres necesitamos una preparación con antelación que incluyen una serie de detalles, entre ellas al estar colaborando conmigo en casa, con palabras románticas, apoyándome emocionalmente; con el tiempo sigo teniendo la misma consideración ya que el sexo femenino está centrado en el estimulo con romance, de honra, inclusive apoyo en las funciones, mientras que el sexo masculino solo está centrado en el acto mismo del placer.

Cuando un hombre entiende la forma como la esposa ve el sexo, tendrá la capacidad de preparar el ambiente para el disfrute aún días antes, aprende a no centrarse en sí mismo como un acto egoísta sino a complacer a su mujer; y la mujer al conocer como su esposo percibe el acto, ya no lo verá como un carnal, sino como el esposo que desea que se supla su necesidad.

Siempre debe buscarse la satisfacción mutua, con atenciones, romance, palabras adecuadas, caricias, toques, besos, abrazos, siempre y cuando no se atraviese la frontera entre lo licito y lo inmoral.

Les invito a que me acompañen a revisar lo que la biblia habla sobre la pureza sexual, para que juntos y de acuerdo como pareja se unan en el acto intimo sin la necesidad de introducir sustitutos baratos. Acompáñenme al capítulo doce titulado: "Juntos y de acuerdo en la pureza sexual".

Capítulo Doce

JUNTOS Y DE ACUERDO EN LA PUREZA SEXUAL

"pero a causa de las fornicaciones, cada uno tenga su propia mujer, y cada una tenga su propio marido. 1 Corintios 7:2 (RVR)

Cuando el Apóstol Pablo refiere: "a causa de las fornicaciones", lo está enfocando no solo en la práctica de tener sexo sin casamiento, que fue lo que aprendí en mis primeros años de conversión, cuando nos enseñaban que un hombre o mujer que practicara actos sexuales sin licencia estaba fornicando, pero esta palabra tiene un amplio significado no solo para los solteros sino también para las conductas lascivas de una persona casada.

La palabra fornicación viene del griego Por-nei-a, y está catalogada dentro de los actos de prostitución, así como las relaciones sexuales entre solteros, y prácticas de incesto, lascivia, penetración rectal, penetración oral o bucal, practicas en trío o con animales, inclúyale la pornografía ligera, ácida o como desean llamarla, a las cuales no se les puede ni debe llamar actos sexuales lícitos ya que manchan y violan los parámetros divinos; también los deseos de actividad intima exacerbada, excesiva, desordenada e incontrolada; todas estas entran dentro del término fornicación.

El concepto fornicación es esencial y relevante dentro del contexto de la condena bíblica de toda práctica que se realice dentro de los parámetros sagrados del matrimonio. Esta práctica no está en un marco de limitación que refiera solo la penetración, como el caso de los solteros, la fornicación incluye todas las formas que las parejas practiquen para sus satisfacciones intimas fuera del orden moral establecido por Dios. De allí la importancia de darle vida al significado de las palabras que refieren una transgresión a la santidad en el acto sexual, como impurezas, pasiones desordenadas, malos deseos, lujuria, lascivia; cuando encontramos el significado de cada una de estas palabras, comprendemos las demandas de pureza de parte de Dios en nuestros actos sexuales.

El mismo Apóstol en muchas de sus cartas nos refiere la responsabilidad personal de cuidar nuestros actos y en la carta a los colosenses nos exhorta a que somos responsables de hacer morir lo que es carnal y terrenal en nuestras vidas diciendo: "Haced morir, pues, lo terrenal en vosotros: fornicación, impureza, pasiones desordenadas, malos deseos y avaricia, que es idolatría;..." Colosenses 3:5. Somos nosotros de forma personal y nadie más los que ponemos en su lugar la medida moral a los actos sexuales que honran a la pareja. Dios nos hace la demanda a nosotros de vivir dentro del vinculo matrimonial así como sexual portando licencia y viviendo en pureza.

No podemos negar que aún estando dentro del vinculo legitimo del matrimonio, donde se compenetran un esposo con su esposa y la esposa con el esposo, los deseos carnales juegan un papel importante en la vida de intimidad, donde también no podemos pasar por alto la gran influencia de un medio ambiente desorientado y pervertido, estos dos: la carne y la sociedad impulsan a las parejas a practicar más allá de lo legitimo y permitido, donde la mente y el corazón astuto siempre busca los medios de adaptar las demandas de Dios a sus propios deseos, cada uno tiene un blanco personal pero no bíblico, sacando de contexto los textos para tener pretextos, sacando a Dios de la ecuación cuando él fue que lo creó, cambiando las notas de los libros santos para satisfacción propia, eso sucede en el acto sexual, simplemente porque el ser humano nunca se llena, nunca se sacia, siempre quiere más, pero no precisamente de lo divino, sino quiere más y más de lo que sacie su concupiscencia.

El hombre nunca se sacia, siempre quiere un poco de picante, vive experimentando con que cosas nuevas se puede satisfacer, es por eso que hoy vemos parejas que aunque estén en una comunidad cristiana mantienen practicas lascivas como supuestos aditivos para mantener sus relaciones sexuales, pero como nunca se llega a alcanzar la llenura total, siempre se mantendrán explorando hasta llegar a la aberración.

Las personas quieren satisfacción de la carne a toda costa, sin amor, respeto, sin responsabilidad, ni afecto, el único objetivo es la saciedad de los instintitos más bajos que se pueden expresar en un acto sagrado manchado por la pornografía, practicas cibernéticas, los juguetes sexuales, homosexualismo, adulterio, bestialismo; todo lo que pueda originarse en una mente y corazón que no ha sido genuinamente transformada por el poder de Dios.

El escritor a los Hebreos en el capítulo trece nos habla de honra en el matrimonio, tema que desarrollé en otro capítulo, pero aquí quiero hablarles de la segunda parte del verso cuatro que dice: "Honroso sea en todos el matrimonio, y el lecho sin mancilla; pero a los fornicarios (actos sexuales ilegítimos e inmorales) y a los adúlteros(que rompen el pacto) los juzgará Dios." Hebreos 13:4.

Cuando revisaba estas líneas de las escrituras, observo que es una demanda de exaltar en honor, no solo el vinculo matrimonial; este se extiende a lo privado, donde nadie más participa, donde una pareja esta a puerta cerrada, solo dos personas que se han jurado amor eterno validado por el Señor; lo que nos motiva a mantener en alta estima la fidelidad conyugal y mantener la pureza sexual.

Encontré dos traducciones que se hacen entendibles y acorde con mi explicación y que dejan claro el plan de Dios diciendo:

"Todos deben considerar el matrimonio como algo muy valioso. El esposo y la esposa deben ser fieles el uno al otro, porque Dios castigará a los que tengan relaciones sexuales prohibidas y sean infieles en el matrimonio." Hebreos 13:4 (TLA)

"Que todos respeten el matrimonio y mantengan la pureza de sus relaciones matrimoniales; porque Dios juzgará a los que cometen inmoralidades sexuales y a los que cometen adulterio." Hebreos 13:4 (DHH)

El Señor condena los actos de inmoralidad sexual, quieran muchas parejas cristianas entenderlo o no, quieran aprobarlo o no. Las demandas son claras en una mente sana y clara, entendibles en un corazón que no desea ni deshonrar a Dios ni a su pareja.

Recuerdo que en una oportunidad fuimos como ministerio a dar una conferencia sobre lo que dice la Biblia sobre el sexo; mi esposo y yo nos preparamos como siempre lo hacemos, fuimos a la iglesia y me correspondió a mi reunirme con las damas, a mi esposo hacerlo con los caballeros, hicimos nuestras exposiciones, de manera personal consideramos que nuestra exposición había estado como suele ser dentro de los parámetros de nuestro manual, las escrituras. Lo cierto es que pasaron algunos meses cuando nuestro amigo pastor reunido con mi marido le comentó que algunas personas se acercaron a él para refutar lo que nosotros habíamos enseñado aquel día, que no estábamos actualizados y que no debíamos ser conferencistas en esa área, al recibir esa información me sentí algo inquieta, ya que como ministro del evangelio entiendo la responsabilidad de presentarnos preparados y aprobados primeramente por Dios, lo que me llevó a introducirme aún más en el tema que por más de veinte años hemos preparado y predicado tratando de investigar más y estar al día; lo cierto es que la mayor preparación que pude realizar después de la observación de nuestro amigo pastor me llevó a la conclusión ahora y más que nunca que lo que predicamos aquel día estaba tan de acuerdo con la forma como Dios quiere que veamos el sexo y su práctica; tan satisfecha estoy hoy que me ha animado a seguir manteniendo lo que por tanto tiempo hemos enseñado como ministerio. Ha sido una lección para mí, porque después de aquella invitación, han surgido una gran cantidad de propuestas para hablarle a las parejas de sexo a la luz de las escrituras. Entiendo que Dios desea que honremos su palabra y no complazcamos los deseos carnales de muchos creyentes.

El verso 4 dice que Dios va a juzgar a los inmorales, a los adúlteros, fornicarios; no sé si para usted es significativo pensar que por una pareja hacer lo que desea en el acto sexual va a recibir un juicio de parte del Señor del cuerpo, Cristo; no se usted, pero yo lo tomo literal, habrán consecuencias para los que violen la pureza sexual; yo sé que no nos gusta saber de juicio, pero es bíblico y no me puedo separar de la verdad:" ...Pero a los fornicarios y a los adúlteros los juzgará Dios." Hebreos 13:4

El Apóstol Pablo inspirado por el Espíritu Santo tiene una extensa enseñanza sobre la pureza sexual. Cuando leemos los pasajes que anteceden al capítulo siete de 1 de Corintios, él nos habla de la responsabilidad que tenemos de glorificar a Dios con nuestro cuerpo diciendo: "Todas las cosas me son lícitas, más no todas convienen; todas las cosas me son lícitas, más yo no me dejaré dominar de ninguna." 1 Corintios 6:12, así como este verso 12 hasta el 20 nos deja una clara exposición de la importancia que tiene agradar al Señor con nuestros cuerpos. Inicia diciendo que todo es permitido; y en realidad cada persona tiene la potestad de hacer con su cuerpo lo que desea, porque hemos sido creados con un libre albedrío que da cabida a cualquier práctica, pero sin Dios, si no se transita el camino de la verdad de la palabra, aún quien desee lo puede hacer entendiendo que tendrá consecuencias; pero aunque tengamos esa apertura el escritor dice que no todo nos conviene, así que si medimos entre lo que es licito y permitido con lo que nos conviene, siempre he creído que por lógica debemos tomar lo que nos conviene.

La amonestación de Pablo nos dice: "Todo me es licito", en otras palabras: "Yo soy libre de hacer lo que quiera", en palabras coloquiales: "Yo puedo hacer con mi vida lo que me da la gana", y sé que esa es la expresión de muchas parejas que lo ven así; pero el Apóstol deja claro que no todo es para bien; es verdad tengo libertad, pero no todo conviene; es real, no todo lo que uno quiere y desea traerá bendición y provecho. Si pudiésemos pensar en esta verdad traería sobreabundancia de bendiciones a muchos matrimonios y familias.

Sigue expresando que todo le es permitido, pero él tiene que estar bajo el dominio propio para que nada tenga que controlarlo, incluyendo los apetitos carnales; "todas las cosas me son lícitas, mas yo no me dejaré dominar de ninguna", "...no permito que nada me domine". Si los matrimonios cristianos aman a Dios y desean honrar el lecho, no se debe permitir que los deseos carnales dominen la relación, desencadenando desenfreno. Tenemos que aprender con la ayuda de Espíritu Santo a poner freno y tomar lo que nos conviene.

De acuerdo a lo que Pablo sigue diciendo en este capítulo seis, nos deja ver una vez más que el cuerpo del hombre y la mujer no fueron creados para la inmoralidad sexual, sino para el Señor, y el Señor para el cuerpo; este no es para que lo usemos en actos prohibidos, al contrario debe ser usado para servir al Señor Jesús, porque nuestro cuerpo le pertenece a él.

Cuando aprendemos a vivir juntos y de acuerdo en practicar el dominio en el área sexual, ponemos en alto la virtud de la castidad que modera los apetitos y actos sexuales, donde la templanza calibra los deseos de acuerdo a la recta razón sustentada en la palabra de Dios en el corazón de cada persona.

A continuación quiero dejarles algunos versos bíblicos referentes a la pureza sexual.

Pasajes bíblicos referentes

"Pero, en vista de tanta inmoralidad, cada hombre debe tener su propia esposa, y cada mujer su propio esposo."
1 Corintios 7:2 (NVI)

"Porque del corazón salen los malos pensamientos, los homicidios, los adulterios, las fornicaciones, los hurtos, los falsos testimonios, las blasfemias." Mateo 15:19

"Pero fornicación y toda inmundicia, o avaricia, ni aun se nombre entre vosotros, como conviene a santos; ..... Porque sabéis esto, que ningún fornicario, o inmundo, o avaro, que es idólatra, tiene herencia en el reino de Cristo y de Dios. Nadie os engañe con palabras vanas, porque por estas cosas viene la ira de Dios sobre los hijos de desobediencia." Efesio 5: 3-6

"Por tanto, hagan morir todo lo que es propio de la naturaleza terrenal: inmoralidad sexual, impureza, bajas pasiones, malos deseos y avaricia, la cual es idolatría". Colosenses 3:5 (NVI)

"Las obras de la naturaleza pecaminosa se conocen bien: inmoralidad sexual, impureza y libertinaje; idolatría y brujería; odio, discordia, celos, arrebatos de ira, rivalidades, disensiones, sectarismos y envidia; borracheras, orgías, y otras cosas parecidas. Les advierto ahora, como antes lo hice, que los que practican tales cosas no heredarán el reino de Dios." Gálatas 5: 19-21 (NVI)

"Ustedes saben cuáles son las instrucciones que les dimos de parte del Señor Jesús. La voluntad de Dios es que sean santificados; que se aparten de la inmoralidad sexual; [4]que cada uno aprenda a controlar su propio cuerpo de una manera santa y honrosa, sin dejarse llevar por los malos deseos como hacen los paganos, que no conocen a Dios; y que nadie perjudique a su hermano ni se aproveche de él en este asunto. El Señor castiga todo esto, como ya les hemos dicho y advertido." 1 Tesalonicenses 4:2-6 (NVI)

"Huyan de la inmoralidad sexual. Todos los demás pecados que una persona comete quedan fuera de su cuerpo; pero el que comete inmoralidades sexuales peca contra su propio cuerpo. ¿Acaso no saben que su cuerpo es templo del Espíritu Santo, quien está en ustedes y al que han recibido de parte de Dios? Ustedes no son sus propios dueños;..." 1 Corintios 6:18-19 (NVI)

Con este capítulo he que querido dejar un enfoque bíblico, que nos ayude a contrarrestar la influencia de las impurezas que tanto daño están haciendo a muchos matrimonios para que juntos y de acuerdo caminen en pureza sexual y sus hogares estén bajo la bendición de Dios.

A continuación les dejaré algunas notas sobre un cáncer llamado pornografía, para que juntos y de acuerdo la puedan evitar y en caso de su practica la puedan combatir, tema que he titulado "La pornografía no exalta el sexo bíblico"

Capítulo Trece

LA PORNOGRAFÍA NO EXALTA EL SEXO BÍBLICO

"...Porque nada de lo que hay en el mundo, los malos deseos del cuerpo, la codicia de los ojos y la arrogancia de la vida, proviene del Padre, sino del mundo..."
1 Juan 2:16 (NVI)

He llegado a un tema que suele ser incomodo plantear entre las parejas, porque lógicamente es un comportamiento que se da en secreto y en ocasiones es un solo miembro del matrimonio quien en oculto lo practica. Cuando observo las escrituras hablando de la importancia de estar juntos y de acuerdo, de ser una sola carne, de honrar el vínculo, me siento motivada a dejarles unas palabras que les ayuden a poner vallas de protección en sus relaciones, con el fin de que perdure y se mantengan bajo bendición y no maldición.

He querido hablarles acerca de un tema que se ha convertido en un cáncer que destruye a matrimonios, familias y sociedad, es un problema de salud publica detrás del cual se esconden grandes intereses, que ha tocado las puertas de los hogares cristianos, y esta mutilando la integridad física, emocional y espiritual de las personas, degradándolas a la condición más baja de un ser humano, con las expresiones más viles de perversión.

Personalmente esta es mi forma de describir las practicas de la pornografía, de la cual a través del tiempo está produciendo grandes rupturas en las relaciones de pareja, influencia de la que nadie es inmune a menos que podamos colocar las vacunas adecuadas juntos para contrarrestar tal epidemia, que se puede iniciar en la privacidad con los dispositivos electrónicos a la mano a solo un botón o en la privacidad del hogar, activando adicciones destructivas en los conyugues o uno de ellos; practicas que abren puertas para que Satanás tome el control de las vidas y la relación, dejando secuelas aún en los hijos, aunque ellos no la vean.

Recuerdo que hace algunos años se decía que para que un hombre consiguiera pornografía debía caminar hasta llegar a una venta de revistas, comprarlas, para luego llevarlas de vuelta a su cuarto en secreto.

Hoy se ha facilitado el consumo a través de las plataformas cibernéticas que nos expone a todos, entiéndame bien, a todos a ser vulnerados en nuestra integridad moral, porque solo con ese toque en los dispositivos podemos ser expuestos a imágenes explosivas, que con solo dejar la mirada aún de una manera inofensiva, estas se pueden alojar en el sistema de pensamientos. Así como las termitas, las polillas que llegan a comerse la madera, así se alojan en la relación de pareja para comerse el pacto matrimonial.

Revisando mis notas para este libro encontré en la Biblia las advertencias del Apóstol Juan diciendo: "No quieran ustedes ser como los pecadores del mundo, ni tampoco hacer lo que ellos hacen. Quienes lo hacen, no aman a Dios el Padre. Las cosas que ofrece la gente del mundo no vienen de Dios, sino de los pecadores de este mundo. Y éstas son las cosas que el mundo nos ofrece: los malos deseos, la ambición de tener todo lo que vemos, y el orgullo de poseer muchas riquezas." 1 Juan 2:15-16 (TLA).

Encuentro tan necesaria esta amonestación de las escrituras, muchas personas que están bajo pacto matrimonial, mayormente del sexo masculino consideran que estas prácticas no son malas y no afectan en nada ni la vida espiritual ni la conyugal, sin comprender la influencia diabólica que tiene sobre los hogares, estas son conductas del mundo que provocan malos deseos, y lleva a muchos a hacer lo que no quieren hacer. Cuando la mente es condicionada a las imágenes, la persona siempre busca más, llegando a solicitarle a su acompañante actos hasta aberrantes.

El Apóstol Santiago también nos amonesta dejando claro de cuan responsables personales somos en manejar los deseos y las pasiones, incluyendo las relaciones conyugales, muchos piensan que porque se es casado se está permitido cualquier acto, pero eso no es verdad, nunca compren la mentira del mundo como algo legitimo para introducirla en su lechos; Santiago dice: "Dichoso el hombre que soporta la prueba con fortaleza, porque al salir aprobado recibirá como premio la vida, que es la corona que Dios ha prometido a los que lo aman. Cuando alguno se sienta tentado a hacer lo malo, no piense que es tentado por Dios, porque Dios ni siente la tentación de hacer lo malo, ni tienta a nadie para que lo haga. Al contrario, uno es tentado por sus propios malos deseos, que lo atraen y lo seducen. De estos malos deseos nace el pecado; y del pecado, cuando llega a su completo desarrollo, nace la muerte. Queridos hermanos míos, no se engañen." Santiago 1:12-16 (DHH). Las conductas individuales deben ser revisadas para evitar ser movido por los deseos del corazón y trasladarlas a la intimidad. cada individuo es provocado por su propia concupiscencia, por sus propios apetitos. Cada miembro del vinculo matrimonial debe hacer un trabajo personal en conexión con Dios y su palabra para pelear en contra de estas batallas carnales.

Como pareja juntos y de acuerdo son responsables de colocar vallas de protección, cuidándose mutuamente para no permitir que su intimidad sea invadida por este cáncer y donde los hijos también son afectados, porque recuerden que esta práctica abre las puertas para que el enemigo de nuestras almas, Satanás, tome el control de las vidas, el pacto, el hogar y los hijos.

En estas próximas líneas quiero dejarles algunas recomendaciones que les ayude a poner vallas de protección para prevenir que este invasor penetre en su intimidad.

1.- Mantengan sus dispositivos electrónicos limpios de la basura que constantemente les llega, revisando siempre que no se filtre información inmoral.

2.- Si se dan cuenta que la pornografía llega a sus dispositivos, deben inmediatamente eliminarlas; guardarlas seria tenerlas en espera para en cualquier momento ceder al deseo.

3.- En la escogencia de películas es fácil al revisar las clasificaciones que dicen si tienen imágenes violentas, desnudos o escenas sexuales.

4.- Algunas plataformas como por ejemplo YouTube tienen filtros que ayudarán a protegerlos y evitar que lleguen a canales explosivos.

5.- Eviten los largos tiempos de soledad y ocio que los motive a buscar lo prohibido.

6.- No mantengan las computadoras en lugares cerrados como habitaciones, sino que estas puedan ser colocadas en lugares abierto donde mayormente la familia se concentre y puedan estar a la vista de todos. Eso evitará acceso en solitario.

7.- Eviten visitar lugares que promuevan desnudos o imágenes sexuales. Existen restaurantes donde abiertamente se exponen imágenes explosivas que incitan a la lujuria.

8.- Como matrimonio mantengan la consagración a Dios.

9.- El conocimiento de la Biblia será un escudo de protección que atesorado en sus corazones vendrá a rescate en el momento de la tentación.

Quiero dejar estas próximas líneas para aquellas personas o parejas que se están intoxicando por alimentar imágenes pornográficas; que se sienten cada día enjaulados por estas prácticas, provocando en sus relaciones maritales actos viles como violencia a la pareja, agresiones sexuales, prostitución; muchas obligando a su pareja con peticiones fuera del orden moral, es una lista degradante de comportamientos de las que al adicto le es difícil liberarse, dejando daños profundos a nivel personal, matrimonial y familiar.

Tal vez para un esposo que está hundido en este comportamiento aún no ha cuantificado el daño que se hace no solo así mismo, sino a su esposa que es humillada y degradada como persona, pero necesita ser libre para entender que en vez de ser expresiones de amor entre un hombre y una mujer casados que se aman, este acto rebaja y distorsiona el plan sexual para los matrimonios.

Lo que para la sociedad es normal cuando envían sus mensajes diciendo que las aventuras y practicas pervertidas son emocionantes y aconsejables, donde conceden gran importancia a la gratificación personal y poca o ninguna a los sentimientos de la otra persona, cuando son motivados en solitario, para luego llevar a la victima a exigencias indecorosas, debemos tomarlo en un claro entendimiento como cristianos, que son actos anormales y egoístas promovidos por una industria a la que no le interesa el bienestar matrimonial.

Las parejas con convicciones deben luchar juntos y de acuerdo para desechar tales proposiciones.

A mis hermanos y amigos lectores que se han visto expuestos a tal conducta, les invito a que busquen ayuda para que salgan de esta enfermedad, les insto a que se sometan a quimioterapia espiritual, para que puedan quemar los tumores que genera la pornografía, que son mortales; le animo a que huyan de las pasiones que en nada ayuda a sus relaciones, sino que las mancha, denigra y pone en una posición de deshonra.

No se queden solos, busquen la ayuda de profesionales, guías espirituales maduros que aporten a su liberación. No acudan a personas que los señalen y hundan en la culpabilidad. Si has tomado la decisión de dar el paso de liberación necesitarás apoyo para mantenerte firme y no volver a caer; es un proceso la desintoxicación no un acontecimiento, recuerden que al abrirle puertas a Satanás tratará de reclamar su derecho que le fue otorgado al permitir la basura en el corazón, debe de haber arrepentimiento y separación del pecado. Los problemas espirituales no se resuelven con armas humanas, se resuelven con armas espirituales, la pornografía es un problema espiritual.

Si como pareja se están viendo afectados por la pornografía, hagan el esfuerzo y tomen valor para juntos y de acuerdo dejarla, protegerse, cuidarse; no permitan las prácticas de ver imágenes explosivas para su calentamiento sexual, bajo ningún concepto. Permitan que Dios quien les da la licencia para tener intimidad ponga en sus relaciones el picante que necesitan, sin necesidad de caer en lo bajo y pervertido.

Quiero terminar con estas palabras de las escrituras:

"...Por tanto, si tu ojo derecho te es ocasión de caer, sácalo, y échalo de ti; pues mejor te es que se pierda uno de tus miembros, y no que todo tu cuerpo sea echado al infierno." Mateo 5:29 (RVR 1960)

"Por tanto, si tu ojo derecho te hace pecar, sácatelo y tíralo. Más te vale perder una sola parte de tu cuerpo, y no que todo él sea arrojado al infierno". ... Mateo 5:29 (NVI)

"porque nada de lo que el mundo ofrece viene del Padre, sino del mundo mismo. Y esto es lo que el mundo ofrece: los malos deseos de la naturaleza humana, el deseo de poseer lo que agrada a los ojos y el orgullo de las riquezas.[17] Pero el mundo se va acabando, con todos sus malos deseos; en cambio, el que hace la voluntad de Dios vive para siempre." 1 Juan 2:16-17 (DHH)

Capítulo Catorce

CULTIVANDO JUNTOS RELACIONES CON LOS SUEGROS

"Moisés salió al encuentro de su suegro, se inclinó delante de él y lo besó. Luego de intercambiar saludos y desearse lo mejor, entraron en la tienda de campaña." Éxodo 18:7 (NVI)

"Una vez más alzaron la voz, deshechas en llanto. Luego Orfa se despidió de su suegra con un beso, pero Rut se aferró a ella." Rut 1:14 (NVI)

En muchas ocasiones escuchamos expresiones como: "Me casé con Roberto, no con su mamá", "Mi suegra quiere intervenir en la forma como atiendo a Eliseo", "Mi esposa Tatiana quiere contarle a su madre nuestras discusiones", "Penélope no plancha como lo hacia mi mamá".

Muchos de estos planteamientos desagradables vienen a ser parte de una relación entre parejas y suegros que conlleva en muchas ocasiones y a muchos matrimonios a la ruptura y distanciamiento de las relaciones entre las parejas con sus suegros.

En estas próximas líneas quiero dejar fundamentos que puedan ayudar a mis lectores a manejar sus relaciones con sus suegros de una forma sabia y saludable.

En nuestra sociedad, sobre todo en el entorno latino a través de los años, se ha creado una imagen e influencia negativa acerca de los suegros; no sé cuando surgió ni la razón por la cual se ha dejado esta mala influencia marcada, donde tal motivación ha dejado un automático rechazo en el corazón de algunos conyugues hacia sus suegros.

Conocemos de chistes grotescos, declaraciones negativas, anécdotas humorísticas, llegando al extremo de caricaturizarlos como un objeto de burla e irrespeto, creando un cuadro negativo en nuestra sociedad y comunidades cristianas que sigue dejando resultados negativos en las relaciones, sin antes probar verdaderamente lo saludable que pueden ser.

He tenido la oportunidad de escuchar aún a ministros mofarse de los suegros en sus sermones y conferencias, con notas muy humorísticas que denigran del gran valor que estos pueden tener en las relaciones de sus hijos con sus conyugues, lo que considero un irrespeto al honor de unos padres que jamás dejarán de serlo por el hecho de sus hijos ya estar casados, esto sin dejar de mantener la base como fundamento de la separación que debe mantenerse de acuerdo a lo establecido por Dios en el libro de Génesis 2:24, principio que desarrollé en otro capítulo.

Creo que la iglesia de Jesucristo debe abordar cada tema de familia y matrimonio con mucha seriedad y base bíblica, para darle el valor que corresponde a cada miembro y enseñar los parámetros escriturales para que todos nos coloquemos en el lugar que nos corresponde, dándole el lugar y honor que merecen.

Cuando como ministros somos aptos para enseñar, entenderemos que tendremos el respaldo de Dios por lo que decimos de acuerdo a las escrituras y estaremos haciendo la labor de dejar una palabra direccional en los corazones para el cambio.

La verdad es que los suegros vienen a ser una gran bendición para los matrimonios. Yo soy un testimonio de ese beneficio, ya que siempre tuve una relación saludable con la madre de mi esposo; y aunque en los primeros años surgieron algunas pequeñas diferencias debido a mi falta de conocimiento, la poca madurez y por la influencia cultural de la mala imagen que nos han dejado de ellos, siempre estuvo cerca de nosotros como familia, fue un gran apoyo para sus nietos, una columna espiritual para nuestro matrimonio; en ella teníamos un recurso de sabiduría para recibir un consejo. Si hubiese tenido la madurez y sabiduría que hoy tengo, esas pequeñas diferencias nunca hubiesen existido, ya que eran detalles tan insignificantes que jamás las hubiese ventilado y las habría manejado con otra óptica; entendiendo su amor como madre.

En otro capítulo les hablaba acerca de la separación con los padres y unidad con el conyugue y la importancia para consolidar la relación matrimonial, pero bajo ningún concepto podemos como ministros y consejeros fomentar una mala relación, ya que los nexos emocionales no deben perderse, lo que se debe hacer es colocar a cada persona en el lugar que les corresponde.

Hoy más que nunca debemos promover las relaciones saludables y no provocar distanciamientos entre padres e hijos por causa de una mala relación con los suegros, donde se manipula al conyugue a separarse, distanciarse, resentirse y enojarse con sus padres; todo esto por el mal manejo de relaciones; y entiéndame que no quiero posicionar a los suegros en un peldaño de derecho de injerencia en la relación matrimonial, en lo que me enfoco es en el respeto que a ellos se les debe, que es legitimo aplicar en la interacción, evitando así contiendas y conflictos que dañan relaciones.

Alguien dijo que una persona al casarse también lo hacía con la familia de su pareja, y eso incluye a los suegros, que yo considero de manera personal en cuanto a los suegros que eso es verdad, porque el matrimonio no viene a romper lazos emocionales con sus familiares consanguíneos sino a incluir al nuevo integrante en esa familia, y para ello debemos todos manejar los códigos de ética en las relaciones interpersonales, para no interferir ni invadir la privacidad de los involucrados.

En la Biblia encontramos historias donde los suegros jugaron un papel importante. Cuando revisamos el capítulo 18 del libro de Éxodo, observamos la relación estrecha que Moisés tuvo con su suegro Jetro, y aunque este hombre no era de la raza Judía, entendió que el Dios de Moisés era el Dios verdadero, lo que le permitió entender y soportar el llamado que este recibió de parte de Dios, tomando la tarea de cuidar de su hija Séfora y sus nietos Gerson y Eliezer mientras que el siervo del Señor libertaba al pueblo de Israel de la esclavitud de Egipto.

Este capítulo nos muestra la saludable relación entre estos dos hombres, Moisés el yerno y Jetro su suegro, ya que no solo tomó la responsabilidad de atender y cuidar a su hija y sus nietos, sino que representaba una relación cordial y respetuosa.

El capítulo 18 nos relata el encuentro que ellos tuvieron, en una conversación que manifiesta confianza, cercanía, respeto mutuo y reconocimiento del trabajo que Dios le había encomendado a Moisés junto a la labor que realizó, que a pesar de las diferencias culturales reconoció al Dios de Israel.

Dice: "Y Moisés salió a recibir a su suegro, y se inclinó, y lo besó; y se preguntaron el uno al otro cómo estaban, y vinieron a la tienda. Y Moisés contó a su suegro todas las cosas que Jehová había hecho a Faraón y a los egipcios por amor de Israel, y todo el trabajo que habían pasado en el camino, y cómo los había librado Jehová.

Y se alegró Jetro de todo el bien que Jehová había hecho a Israel, al haberlo librado de mano de los egipcios. Y Jetro dijo: Bendito sea Jehová, que os libró de mano de los egipcios, y de la mano de Faraón, y que libró al pueblo de la mano de los egipcios.. Ahora conozco que Jehová es más grande que todos los dioses; porque en lo que se ensoberbecieron prevaleció contra ellos. Y tomó Jetro, suegro de Moisés, holocaustos y sacrificios para Dios; y vino Aarón y todos los ancianos de Israel para comer con el suegro de Moisés delante de Dios. Éxodo 18: 7-12 (RVR 1960).

Moisés recibe a su suegro, le muestra sus saludos inclinándose y besándole, como manifestación de honra y respeto, ambos mostraron el interés de como se encontraban y juntos pasan a la tienda para tener una conversación grata y amena donde el siervo de Dios le relata a Jetro todo lo que Dios había hecho en Egipto, le cuenta de la odisea en el camino y como la mano de Jehová estuvo con ellos en el trayecto.

Me gusta observar la relación entre este sacerdote de Madián y el hombre usado por Dios como libertador del pueblo de Israel de Egipto, manifiesta una relación tan sana, transparente e intima.

Jetro mostró regocijo por las victorias de su yerno, dice: "Y se alegró Jetro", este suegro estaba interesado que a Moisés le fuese bien y obtuviera la victoria junto al pueblo; él se alegró, se gozó, disfrutó, tanto así que dice que tomó holocaustos y sacrificios para Dios; enseguida este buen suegro ofreció un cordero en honor a Dios, presentándole ofrendas a Jehová, donde fueron convocados los jefes de Israel para cenar juntos en presencia de Dios.

En la historia de este yerno y su suegro encontramos la gran influencia y sabiduría de Jetro en la vida de Moisés quien tiene la responsabilidad dada por Dios de libertar al Pueblo de Israel de la esclavitud, pero con la gran disposición y humildad de escuchar de su suegro consejo y sabiduría.

Estaba Moisés atendiendo al llamado y ejerciendo su función, dice la Biblia: "[14] Viendo el suegro de Moisés todo lo que él hacía con el pueblo, dijo: ¿Qué es esto que haces tú con el pueblo? ¿Por qué te sientas tú solo, y todo el pueblo está delante de ti desde la mañana hasta la tarde? [15] Y Moisés respondió a su suegro: Porque el pueblo viene a mí para consultar a Dios.[17] Entonces el suegro de Moisés le dijo: No está bien lo que haces.[19] Oye ahora mi voz; yo te aconsejaré, y Dios estará contigo. Está tú por el pueblo delante de Dios, y somete tú los asuntos a Dios.[24] Y oyó Moisés la voz de su suegro, e hizo todo lo que dijo. [27] Y despidió Moisés a su suegro, y éste se fue a su tierra." Éxodo 18: 14-17, 19, 24, 27.

Me impresiona la historia, me impresiona la humildad de Moisés, me impacta la docilidad y modestia con la que presta atención al consejo del padre de su hija. El hombre que habría de golpear la peña para que brotara agua en un momento de ira, estaba iniciando su ministerio; nada más y nada menos que libertar a millones de Israelitas de los egipcios, siendo apoyado y guiado por las palabras sabias del sacerdote de Madían, su propio suegro, a quien no desestimó por no ser judío, ni lo rechazó por la edad, ni aún lo vio como un intruso en su ministerio; lo escuchó, tomó sus consejos y los aplicó, porque dice el verso 24 que Moisés oyó la voz de su suegro, e hizo todo lo que dijo. Después de Moisés pasar tanto tiempo con Jetro llega la hora de la despedida: "Y despidió Moisés a su suegro, y éste se fue a su tierra,..." (Vs.27).

Ambos hombres dejaron un gran ejemplo de confianza, consideración, respeto, sumisión, humildad y apoyo en su relación como yerno y suegro que debemos de tomar hoy para aplicar y enseñar a otros. Muchos yernos necesitan aprender de Moisés.

Pero ahora pasemos a otra historia, creo que este capítulo quedaría incompleto si no hago una reseña sobre la historia de Ruth y Orfa con su suegra Noemí. Este relato se convierte en una historia de perdidas, pero también de recompensas a pesar del luto y el dolor.

Vemos la expresión de amor de estas dos nueras hacia su suegra y el de esta suegra hacia sus nueras; que aunque Orfa luego de la petición de Noemí decidiera quedarse en su tierra y Rut seguirla; quedan registradas las expresiones de sentimiento y amor entre estas viudas.

Relata la historia diciendo: "Entonces se levantó con sus nueras, y regresó de los campos de Moab; porque oyó en el campo de Moab que Jehová había visitado a su pueblo para darles pan. Salió, pues, del lugar donde había estado, y con ella sus dos nueras, y comenzaron a caminar para volverse a la tierra de Judá. Y Noemí dijo a sus dos nueras: Andad, volveos cada una a la casa de su madre; Jehová haga con vosotras misericordia, como la habéis hecho con los muertos y conmigo. Os conceda Jehová que halléis descanso, cada una en casa de su marido. Luego las besó, y ellas alzaron su voz y lloraron, y le dijeron: Ciertamente nosotras iremos contigo a tu pueblo. Y Noemí respondió: Volveos, hijas mías; ¿para qué habéis de ir conmigo? ¿Tengo yo más hijos en el vientre, que puedan ser vuestros maridos? Volveos, hijas mías, e idos; porque yo ya soy vieja para tener marido. Y aunque dijese: Esperanza tengo, y esta noche estuviese con marido, y aún diese a luz hijos, ¿habíais vosotras de esperarlos hasta que fuesen grandes? ¿Habíais de quedaros sin casar por amor a ellos? No, hijas mías; que mayor amargura tengo yo que vosotras, pues la mano de Jehová ha salido contra mí. Y ellas alzaron otra vez su voz y lloraron; y Orfa besó a su suegra, mas Rut se quedó con ella. Y Noemí dijo: He aquí tu cuñada se ha vuelto a su pueblo y a sus dioses; vuélvete tú tras ella. Respondió Rut: No me ruegues que te deje, y me aparte de ti; porque a dondequiera que tú fueres, iré yo, y dondequiera que vivieres, viviré. Tu pueblo será mi pueblo, y tu Dios mi Dios. Donde tú murieres, moriré yo, y allí seré sepultada; así me haga Jehová, y aun me añada, que sólo la muerte hará separación entre nosotras dos. 18 Y viendo Noemí que estaba tan resuelta a ir con ella, no dijo más. Rut 1:6-18 (RVR 1960)

Es la suegra en camino de regreso a Judá quien quiere dejar en libertad a sus dos nueras que habían quedado solas al igual que ella, después de haber llegado Nohemí con Elimelec a la tierra de Moab, por la hambruna que estaba padeciendo el pueblo de Israel y donde sus dos hijos habían tomado a estas moabitas por esposas.

Era un panorama triste y desolador, ya que estas tres mujeres han perdido a sus esposos; ahora las tres están viuda, están desprovistas de protección y provisión; es entonces cuando Noemí les pide que se separen, y en la conversación descrita en los pasajes antes reseñados las bendice deseando que Dios haga misericordia con ellas, les de descanso, pero estas mujeres al escuchar la despedida de su suegra dice el pasaje que "alzaron su voz y lloraron", ellas queriendo seguir el camino con su suegra le insistieron en que querían acompañarla a Judá diciendo: "Ciertamente nosotras iremos contigo a tu pueblo". Poco común hoy ver estas expresiones de afecto y cercanía que deben de ser promovidas y enseñadas para tumbar a tierra las malas imágenes que se dejan en estas relaciones, estas dos jóvenes alzaron su voz y lloraron en manifestación de sus deseos y sentimientos hacia su suegra reiterándole el querer estar juntas. Expresiones poco común en nuestros días.

Me gusta e inspira la expresión repetida de Noemí: "Volveos hijas mías", "Volveos hijas mías", "No, hijas mías" (Vs. 11,12,13), era la manifestación de amor genuino que había entre la suegra y sus nueras, las trató como hijas. Después de la perdida se podía decir que ya no había ningún compromiso de estar juntas, más sin embargo el amor había unido sus corazones, estaban ligadas emocionalmente a pesar del luto, la escases y las perdida.

Las palabras de Noemí las llevó a tomar una definitiva decisión en medio del dolor; Orfa y Rut expresaron sus sentimientos nuevamente ante su suegra: "Y ellas alzaron otra vez su voz y lloraron; y Orfa besó a su suegra, mas Rut se quedó con ella." (Vs.14). En esta determinación de Orfa quiero dejar mi apreciación ya que sabemos que se hace énfasis en lo que Rut hizo, que fue quedarse con Noemí, pero eso no quiere decir que esta no amaba a su suegra, ella tenía el derecho legal de irse y rehacer su vida, pero sus expresiones registradas en este libro eran de amor, estima, cercanía hacia su suegra; creo que la insistencia de la madre de su esposo la llevó a tener la disposición de separarse; la besó y se fue, mientras que Rut le Respondió: "No me ruegues que te deje, y me aparte de ti; porque a dondequiera que tú fueres, iré yo, y dondequiera que vivieres, viviré. Tu pueblo será mi pueblo, y tu Dios mi Dios. Donde tú murieres, moriré yo, y allí seré sepultada; así me haga Jehová, y aún me añada, que sólo la muerte hará separación entre nosotras dos. Y viendo Noemí que estaba tan resuelta a ir con ella, no dijo más." (Vs: 16-18).

Debió haber sido una profunda influencia la que tuvo esta suegra con sus nueras a través de los años, al punto que en las palabras de Rut le pide que no le siga insistiendo para tratar de convencerla de que se separen: "No me ruegues que te deje, y me aparte de ti"; a ella no le importaba a donde fuese su suegra, ella solo quería seguirla, acompañarla: "porque a dondequiera que tú fueres, iré yo, y dondequiera que vivieres, viviré", Rut se había ligado tanto a Noemí, había recibido tanta influencia que quería ser parte de su pueblo y servirle a su Dios: "Tu pueblo será mi pueblo, y tu Dios mi Dios"; tal era la unión de estas mujeres que no le importó a Rut abandonar sus raíces, salir de su parentela, vagar a un destino incierto y desconocido; dos viudas solas, desprovistas de provisión y cuidado, se habían unido en un solo bloque, suegra y nuera adheridas para hacer frente a un futuro incierto, al punto de aún en la muerte Rut querer estar sepultadas en el mismo lugar: "Donde tú murieres, moriré yo, y allí seré sepultada; así me haga Jehová, y aún me añada, que sólo la muerte hará separación entre nosotras dos" (Vs.17). "Y viendo Noemí que estaba tan resuelta a ir con ella, no dijo más", en otras palabras como tu corazón dicte así será, y todos conocemos el final del relato entre suegra y nuera.

Motivadora historia la de estas dos mujeres que encierra una realidad que tanto parejas como suegros deben experimentar. A veces escucho historias de separación, pleitos, diferencias que entiendo que no debían de existir cuando tenemos el amor y la sabiduría de Cristo en nuestros corazones.

Las familias deben esforzarse cada día por mantener buenas y saludables relaciones a pesar de las diferencias y aprender a solventarlas a través de la Biblia y guía del Espíritu Santo, perdonando, amando aceptando, colocando cada pieza en su lugar, y no restar ni a unos ni a otros en el vinculo, porque siempre seguirán siendo familia.

Cada suegra juega un papel de influencia sobre sus nueras. Necesitamos convertirnos cada día en mujeres sabias, siempre con el buen y oportuno consejo para ellas, apoyándolas en todo, demostrándoles el amor que merecen por ser la esposa del hijo amado, a pesar de cualquier diferencia de posición social, de diferencia de creencias religiosas, diferencia de cultura; debemos aprender a aceptar la escogencia de nuestros hijos y amarlas como hijas. Ojala cada suegra cada día pueda dejar una huella profunda de principio cristiano, de amor, respeto y valor; que haya tal influencia positiva que quieran modelar nuestro caminar, que deseen querer tener nuestros estilos de vida, y queden marcadas por nuestros principios, queriendo tomar nuestro ejemplo. Seria extraordinario que todas las yernas se lleven un buen recuerdo de sus suegras.

Entiendo que son tiempos y culturas diferentes, pero aún así tanto parejas como suegros pueden abonar a sus relaciones para que nazcan y se enraícen interacciones sanas. En muchas ocasiones lo que se necesita es un poco de destreza, sabiduría, tacto y capacidad de comprensión para manejarlas; donde ambas partes deben entender la posición que cada uno juega en el rompecabezas familiar.

Para culminar este capítulo quiero dejarle a los matrimonios que siguen las líneas de este libro, algunas bases que pueden ayudarles; recordándoles que ya en mi tema "Desde el principio" les hablé acerca de la separación con los padres para dar mayor unidad al matrimonio, esto sin poner a un lado la honra que merecen.

1.- Honra a los suegros

Así que la honra hacia los suegros es de vital importancia por parte de los yernos y nueras, es mi deseo dejar como fundamento que aunque ellos ya no tengan autoridad sobre sus hijos no pierden la honra que estos merecen por haber sido el canal de Dios para traerlos al mundo, educarlos, criarlos y cuidarlos hasta el día de la separación, y esto independientemente de cuál haya sido el enlace entre hijos y padres; los yernos y nueras deben por amor a su relación matrimonial promover la sanidad, unidad, en el vínculo familiar; recuerden que las rupturas emocionales producen más rupturas y ambos equipos siempre deben tratar de trabajar para traer amor, paz y unidad. Es por esto que a pesar de los errores de los padres de tu conyugue, tu eres un instrumento de consolidación en las relaciones.

Honra a tus suegros, perdona sus errores, busca mantener relaciones cercanas y sanas; eso no implica que se les permita interferir en la privacidad de sus relaciones, ni tengan que enterarse de los problemas que como pareja tengan.

Quiero dejarles la historia personal entre mi madre y mi esposo, ya que de esta relación he aprendido mucho y me ha dejado un gran gusto en mi corazón con más de treinta y cinco años de casada, y con mi madre que aún vive, siempre ella ha mantenido un gran amor, respeto y gran recuerdo por mi esposo a pesar de la distancia.

Cuando nos casamos, esperábamos que el apartamento que habíamos comprado para vivir estaría disponible inmediatamente después del matrimonio, lo cual no pudo ser posible por problemas con el banco; lo que nos condujo a tomar la decisión de irnos a casa de mis padres hasta cerrar la compra, así lo hicimos y solo estuvimos dos meses en casa de ellos. Fue un tiempo en el que a pesar de estar en el mismo techo, usando las mismas áreas de la casa, mantuvimos una relación extraordinaria que dejó bases para los años siguientes.

Por ser un matrimonio nuevo e inexperto y que teníamos que enfrentarnos a los ajustes, mis padres en esos días en su casa nunca intervinieron en nuestras diferencias, que aunque no eran públicas, ellos sabían que no habían buenos momentos, por las expresiones de nuestros rostros; lo cierto es que yo en ningún momento comenté nada negativo acerca del matrimonio, ni ventile alguna necesidad, ni tampoco mis padres mostraron o hicieron preguntas sobre lo acontecido. Las posiciones de ambos grupos: mis padres y nosotros mantuvimos en ese tiempo la sabiduría de la no interferencia, lo que se ha trasladado hasta el día de hoy.

Mis padres siempre han visto y tenido un concepto de mi esposo extraordinario, lo han definido como el esposo perfecto para su hija, quiero decirles que en más de treinta y cinco años de casados, mis padres y él nunca han tenido una diferencia, una disputa, una pelea, un intercambio de palabras por reclamo; han sido años de relaciones enteramente sanas, donde mi madre me ha referido en ocasiones que mi esposo es un "ángel"; bueno permítame reírme mientras escribo estas líneas; creo que mientras usted las lee está pensando en algo irreal, y yo me rio porque en realidad no tengo ningún ángel en mi casa, solo tengo un hombre de carne y hueso con sus debilidades y flaquezas como yo; pero ellos siempre han admirado nuestro matrimonio y lo han visto como una relación ejemplar; y sigo escribiendo y me sigo riendo, porque ha sido solo la mano benéfica de Dios la que nos ha sostenido en todos estos años de matrimonio, con altas y bajas, con conflictos y diferencias, exigencias de parte y parte, algunas veces molestos otras más molestos, así que no piense que le estoy hablando del matrimonio perfecto; aunque ellos lo han visto perfecto.

He aquí el secreto de ese concepto de mis padres hacia su yerno de "ángel", esposo ideal; se debe a que en nuestros años de casados desde que vivíamos juntos en su casa, nunca, entienda esta expresión, nunca ellos se han enterado de nuestras diferencias, conflictos, peleas o discusiones; nuevamente les digo que nunca. Papá y mamá siempre se enteraron de las cosas buenas que mi esposo hacia, de nuestros logros, su trabajo, tal vez un quebranto físico, pero jamás escucharon de mis labios quejas sobre él, sobre cosas negativas que podía haber hecho o nos hayan ocurrido; así como él nunca mostró un desagrado o falta de respeto hacia ellos. Durante todos estos años hemos mantenido el amor, respeto y unidad como familia. Y mi esposo sigue siendo hoy "un ángel" para mi madre. Este principio de privacidad y protección ha dejado el buen concepto sobre él y sobre nuestro matrimonio, donde todos salimos ganando.

En mis líneas quiero motivarles a que apliquen este principio que les ayudará a proteger no solo su pacto, también protegerá la relación entre ambos.

La privacidad matrimonial no le resta honra a los suegros, creo que más bien les alivia a ellos de preocupaciones, angustias y de ser árbitros entre sus diferencias; recordándoles que muchos padres en ocasiones al enterarse de conflictos, jugarán la posición de inclinar la balanza hacía su propia sangre, dejando una mala sensación sentimental hacia el yerno o la nuera, aunque estos últimos tengan la razón en dicho conflicto.

Juguemos las cartas de la protección, la sabiduría, el amor, el respeto, la aceptación y la honra; recuerden que los suegros nunca dejarán de ser padres, y algún día muchos de ustedes estarán en la posición de ser suegros.

2.- Los abuelos

Otra de las recomendaciones que quiero dejarles dentro de esta relación son los parámetros determinados ya los suegros como abuelos, donde los yernos y nueras son afectados en sus relaciones con los suegros por causa de los tan amados y apreciados nietos.

Entendemos que por diversas causas los hijos de muchos matrimonios pasan a tener una gran influencia por sus abuelos, lo que considero altamente positivo e influyente para sus vidas, ya que el amor de los abuelos es extraordinario.

He tenido la oportunidad de atender a muchos matrimonios que tienen una excelente relación como pareja, se la llevan muy bien, son un gran equipo, pero tienen conflictos con sus suegros por causa de los nietos, dejando fricción en la relación matrimonial y con el entorno; esto por causa de la injerencia que como abuelos quieren tener a través de los nietos.

Siempre he considerado la importancia de colocar parámetros en las relaciones indistintamente cuales sean, y esta no es menos importante, ni se necesitan crear rupturas por la injerencia, recuerde que cada persona debe estar en su lugar; donde a los abuelos es necesario dejarles saber que ellos ocupan una posición sumamente importante en la vida matrimonial y la de sus nietos pero deben entender hasta donde ellos pueden influenciar a sus seres amados.

Para ello es recomendable que quien haga las observaciones directas a los abuelos sea el hijo o hija y no el yerno o la nuera. Es importante que los reclamos u observaciones que se les haga sea con el mayor tacto y delicadeza para que no se sientan ofendidos, pero es importante hacerla con el fin de poner fronteras para que no se dañen las relaciones. Para esto es importante la comunicación entre la pareja, revisar lo que molesta, llegar a acuerdos en privado y el hijo(a) es quien de forma sabia debe tratar de solventar la situación; con qué fin, bueno con el propósito de que la relación entre suegros y yernos o nueras no se quebrante.

El hecho de que los abuelos sean quienes tengan el privilegio de cuidar a los nietos o pasen tiempo con ellos, son ustedes los que deben ayudarlos a que lo vean como un privilegio y derecho, esto sin que lleguen al nivel de pasar por encima de la autoridad de los padres.

Si los nietos son expuestos a influencias contrarias a las de ustedes como pareja, los suegros deben ser confrontados con amor y respeto siempre por el hijo(a), pero con firmeza, dejándoles saber que la educación e influencia en otras áreas como la religiosa está en manos de los padres primeramente.

Sé que están pensando en tantos abuelos que han dejado huellas profundas en los corazones de muchos nietos, porque a través de los años eran quienes impartían las enseñanzas bíblicas a ellos; soy testigo de conocer a jóvenes que hoy le sirven al Señor gracias a sus abuelos que los condujeron por el camino de la salvación; este es un fundamento importante para el niño y la familia en las manos de los abuelos, y precisamente mi libro está enfocado a matrimonios que quieran fundamentar sus hogares en los principios de la Palabra de Dios y estoy consciente de tal influencia, así que aplaudo a todas las ancianas que realizan esta labor. Pero padres recuerden que ustedes son los veladores y protectores principales de la herencia que Dios les ha regalado. Son los padres los responsables de la integridad emocional, la formación de valores éticos, morales y espirituales de sus hijos, ellos son una herencia que debe ser cuidada y protegida.

3.- *Amor & amistad*

Estrechar los lazos de amor y amistad entre familias es sumamente importante y también difícil; lo entiendo por trabajar en la consejería pastoral por más de treinta años, labor que me ha llevado a conocer tantos casos que tienen grandes conflictos por el mal manejo de relaciones entre familias, creando pleitos, enemistades, chismes y grandes conflictos que traen separación familiar y deja sabores amargos entre los núcleos.

La diversidad de caracteres, personalidades e intereses trae ruptura en dichas relaciones, pero el enfoque es trabajar a favor de todos, donde la interacción sea de beneficio y como siempre refiero: que todos ganemos. El objetivo es formar lazos sanos que se extienden desde el matrimonio hasta el resto de los integrantes de ambas familias. Comienza con él y ella, convirtiéndose en un árbol con ramificaciones que une a dos grupos, no que los separa ni divide.

Todos tenemos maneras distintas de expresar nuestro amor y cuidado hacia los demás, aunque sabemos que en ocasiones las circunstancias negativas paralizan y producen en ocasiones una pared que lo impide, es por esto que quiero dejar en tas líneas mi motivación para que se sobrepongan y derriben paredes que no permiten cultivar amor y amistas con los suegros.

Para ello necesitarás tres ingredientes que sazonarán la relación; que los son el tiempo, la atención, y la sabiduría tanto al hablar como al actuar para fortalecer lazos. Tu puedes decidir si te involucras con los suegros y familiares. Si decides no involucrarte estarás permitiendo que otros controlen tus sentimientos y tu vida al dejar que sus acciones y comportamientos manejen tus decisiones.

Si decides relacionarte con los familiares de tu conyugue a pesar de cualquier diferencia, estarás tomando una sabia posición, donde independientemente de quiénes son y lo que hayan hecho das oportunidad de establecer interrelación, manteniendo la prudencia y el cuidado para siempre sumar pero nunca restar.

Honra, separación, protección, amor y amistad son principios que nos ayudarán a cultivar nexos sanos y estables entre suegros y pareja. Cada matrimonio puede tener la capacidad de alimentar los lazos, donde todos son beneficiados, dejando un gran legado en los nietos que recibirán herencia de lo que hayamos sembrado;

y así tumbaremos a tierra la mala imagen que se ha dejado en la relación entre ambos. Hemos sido colocados como constructores de buenas familias con el mejor fundamento que es la Palabra de Dios. Les animo a los matrimonios a levantar buenas edificaciones para nuestras próximas generaciones juntos y de acuerdo.

Palabras finales

Mientras estoy escribiendo las últimas líneas de mi libro "Junto y de Acuerdo", lo hago en medio de dos acontecimientos históricos para la nación americana, la primera se refiere a la pandemia mundial llamada el COVID19, que ha sido denominada "el enemigo invisible", donde solo en este país ha dejado más de dos millones de contagios, con más de ciento veinte mil fallecidos, cifras que ponen de manifiesto la vulnerabilidad de la humanidad con eventos inesperados.

El COVID19 movió los cimientos de gobiernos, economía, estabilidad laboral y núcleos familiares a nivel mundial, donde muchos hogares por estar confinados, se vieron enfrentados a descubrir el cimiento en el que estaban construyendo sus matrimonios y familias.

El confinamiento en casa les ha permitido a muchas parejas y familias revisar sus estándares de estabilidad. Fue el encierro para muchos el motor para sincerarse y comenzar a remover los escombros en los que habían quedado por años sus relaciones; parejas que al convivir tantas horas y días en el encierro de casa, gritaron por auxilio para pedir ayuda ante la determinación del divorcio por parte de uno de los integrantes, algunas parejas fueron estremecidas por la violencia domestica, a otras parejas solo les quedó la alternativa de sincerarse porque mantenían doble vida mientras pasaban cuarenta horas semanales en sus campos de trabajo, que al quedarse en casa se sintieron atrapadas por ver limitadas sus relaciones adulteras dejándoles al descubierto por sus conyugues; todo esto sin contar la realidad que han experimentado al tener a los hijos en casa y compartir con ellos las horas correspondientes al área escolar que ha desencadenado frustración y estrés en padres que habían entregado sus responsabilidades a los cuidados de niños o la escuela, añadiéndole a muchos conyugues síntomas de depresión, claustrofobia, tristeza, desesperación y angustia, por las consecuencias de la pandemia que hasta que no tengamos una cura no veremos el problema del virus totalmente resuelto; dejando demostrada la fragilidad del ser humano y al descubierto donde cada matrimonio tiene su tesoro.

Quiero dejar esta realidad en estas líneas para mis lectores que están aún dentro del pacto matrimonial, para estimularlos a entender la gran importancia de construir sobre cimientos fuertes y seguros que se encuentran solo en el refugio de Dios y la verdad de las Sagradas Escrituras.

Mi anhelo es que los matrimonios puedan vivir su día a día con los pies sobre la tierra, entendiendo que vendrán lluvias, vientos y corrientes que querrán arrasar con sus relaciones, pero que en medio de las tormentas y adversidades podrán encontrar un refugio seguro donde juntos y de acuerdo lograrán las victorias, para dejarles a sus hijos una buena herencia, Cristo Jesus.

Les insto a revisar sus fundamentos, el material de construcción de sus casas, para que puedan dar firmeza a las columnas que sostendrán sus vidas matrimoniales, sus familias, y puedan hacer operación limpieza para sacar la basura que contamina el compromiso que debe de ser hasta que la muerte los separe. No se puede esperar un nuevo acontecimiento para saber el nivel de compromiso que hay en la relación.

El segundo acontecimientos ha sido la muerte de George Floyd, un ciudadano afroamericano residente de Minneapolis, quien perdió la vida cuando el policía Derek Chauvin coloca su rodilla haciendo fuerza sobre su cuello durante casi nueve minutos, ocasionándole el fallecimiento por asfixia, acompañado de otros tres policías; lo que encendió las alarmas nuevamente en la nación americana, señalada como la primera potencia del mundo; ya que por semanas fuimos testigos del furor de una sociedad que no solo salió a las calles a reclamar justicia, sino que quedó demostrado el odio, resentimiento, la ira, de quienes en actos vandálicos ocasionaron muertes, pérdidas económicas en muchas ciudades de los Estados Unidos; reflejo de una sociedad sin Dios, también quebrantada por causa del racismo que hasta estos días no ha sido desarraigado de nuestra sociedad. Una mala y dolorosa noticia, pero con una gran oportunidad para los cristianos, como lo es la de seguir diciéndole al mundo que en Cristo hay esperanza y que solo él puede cambiar el curso de sus vidas para darles salvación y vida eterna. Todavía hay esperanza para una sociedad desorientada y confundida; y nosotros somos el recurso de Dios como voceros, siendo luz y sal.

Pastora
Yajaira Massi
Ministerio Restaurando La Familia

Foto De Los Libros

Notas

Notas

Notas

Notas

Notas

Notas

Printed in the United States
By Bookmasters